साहित्यिक पत्रकारिता का योगदान

साहित्यिक पत्रकारिता का योगदान

आर. जयचन्द्रन

वाणी प्रकाशन

वाणी प्रकाशन
4695, 21-ए, दरियागंज, नयी दिल्ली 110 002
शाखा
अशोक राजपथ, पटना 800 004
फ़ोन: +91 11 23273167 फ़ैक्स: +91 11 23275710
www.vaniprakashan.in
vaniprakashan@gmail.com
sales@vaniprakashan.in

SAHITYIK PATRAKARITA KA YOGDAAN
by R. Jaychandran

ISBN : 978-93-87648-92-0
Journalism

प्रथम संस्करण

मूल्य : ₹ 395

सिटी प्रेस, दिल्ली-110 095 में मुद्रित

वाणी प्रकाशन का लोगो मक़बूल फ़िदा हुसेन की कूची से

अनुक्रम

पहला अध्याय

साहित्यिक पत्रिकाएँ और प्रतिबद्धात्मक लेखन

साहित्यिक पत्रिका : ऐतिहासिक दृष्टि

साहित्यिक पत्रकारिता की परंपरा एक प्रकार से साहित्यिक पत्रिकाओं व लघु पत्रिकाओं की परंपरा ही है। साहित्यिक पत्रिकाएँ साहित्य के इतिहास का ज्वलंत दस्तावेज होती हैं। साहित्यिक पत्रिकाओं की एक गतिशील परंपरा चल रही है और उनके प्रकाशन का एक निजी वैशिष्ट्य भी रहा है। जातीय उत्थान, भाषा, विकास, नए प्रयोग, मानव मूल्यों की निर्मित युगीन चेतना सभी का समन्वित रूप हम साहित्य में देख सकते हैं। इन पत्रिकाओं में लेखकीय प्रतिभा का काम सामाजिक व साहित्यिक गतिविधियों को पहचानना होता है और प्रत्येक साहित्यकार या लेखक, संपादक के सहयोग से उनकी संभावनाओं की सूचना देता है। साहित्य की रचना और प्रेषणीयता का आधार मानसिक वृत्तियाँ और जीवन की सहज अनुभूतियाँ हैं। साहित्यिक मूल्यवत्ता, जीवनानुभूतियों एवं जीवन मूल्यों से अलग एवं विशिष्ट कभी नहीं होती है बल्कि ये दोनों परस्पर पूरक की भूमिका अदा करते हैं। साहित्य में जिन जीवन-मूल्यों की सैद्धांतिक विवेचना होती है, उन्हीं जीवन-मूल्यों को साहित्यिक पत्रिका व्यावहारिक आयाम प्रदान करती है। इनका मूल लक्षण, भावों और विचारों का सटीक एवं व्यापक संप्रेषण है। मानव मात्र में एकता एवं भ्रातृत्व की भावना स्थापित करना ही साहित्य का लक्ष्य है और यही लक्ष्य लेकर हर युग की पत्रिकाएँ चलती रही हैं। लोकादर्श की स्थापना ही साहित्य का लक्ष्य है ऐसा प्रसिद्ध पाश्चात्य विचारक रस्किन ने कहा है। इस कथन के अनुसार हम ऐसा कह सकते हैं कि साहित्यकार समाज का एक अंग है और इसलिए उसका साहित्यिक लेखन समाज के परिप्रेक्ष्य में आत्माभिव्यक्ति का माध्यम होती है।

वैसे साहित्यिक रचना काफी चिन्तन-मनन के परिणामस्वरूप उद्भूत होता है। परन्तु पत्रकारिता की रचनाधर्मिता अलग परिप्रेक्ष्य की होती है। जब पत्र-पत्रिकाओं का प्रकाशन शुरू हुआ, उसका प्रचार-प्रसार बढ़ा तो पत्रकारों का यह दायित्व लोक रुचि का विषय

बनने लगा। पत्र-पत्रिकाओं के माध्यम से प्रचलित साहित्य सृजन की शैली में इतनी नूतनता थी कि वह पुराने ढंग की साहित्यिक शैली को समाप्त करके ही रही। पत्र-पत्रिकाओं में प्रांजल, परिष्कृत एवं परिमार्जित शैलियों का वर्चस्व होता है। इसलिए पत्रिकाओं में किसी शुष्क और दुरूह विषय पर भी लिखा गया लेख सरल एवं सुगम हो जाता है।

अतः कहा जा सकता है कि बार-बार निकलने एवं बन्द होने वाली साहित्यिक पत्रिकाओं ने ही आधुनिक हिन्दी साहित्य के इतिहास का सही अर्थों में निर्माण किया है क्योंकि भारतेन्दु युग से आज तक एक बार बन्द होकर पुनः दूसरे नाम से निकलने वाली पत्रिकाओं के पीछे सच्ची रचनाधर्मी इच्छाशक्ति निहित रही है। साहित्यिक पत्रिका के पृष्ठों पर साहित्य अपनी प्रखरता और तेजस्विता के साथ चुनौती के रूप में उभरा है। यह निर्विवाद रूप में कहा जा सकता है कि व्यक्ति ने जब-जब साहित्य के माध्यम से समाज, संस्कृति और मानवता के पक्ष में कुछ कहना चाहा तब-तब समाचार-पत्रों से भी बेहतर माध्यम के रूप में साहित्यिक पत्रिका का ही सहारा लेना पड़ा था। निष्कर्ष के रूप में कहा जा सकता है कि साहित्यिक पत्रिका को एकायामी रूप में परिभाषित करना नामुमकिन है। फिर भी उक्त परिभाषा ने ऐसे वातावरण की सृष्टि की है जिस से नयी लेखकीय प्रतिभाओं का विकास हुआ।

साहित्यिक पत्रिकाओं की सामान्य विशिष्टताएँ

मानवतावाद को प्रमुखता देते हुए ही आज की साहित्यिक पत्रिकाएँ प्रतिष्ठा प्राप्त कर रही हैं। यहाँ चमत्कार, दिखावा या मात्र मनोरंजन न होकर साहित्य के माध्यम से जीवन मूल्यों की व्याख्या और मनुष्य के वर्तमान तथा भविष्य का चिन्तन सामने आया है। स्वतंत्रता पूर्व की साहित्यिक पत्रिकाओं के प्रकाशन के पीछे का लक्ष्य पाठकों या जनता में जागृति लाना था। राष्ट्रीय चेतना के भाव से संपृक्त होकर उसका स्वरूप निखरा था, इसलिए तो 'सरस्वती', 'इन्दु', 'मतवाला', 'चाँद', 'हंस', 'रूपाभ' आदि साहित्यिक पत्रिकाओं ने जो रचनाएँ दीं वे साहित्यिक दृष्टि से श्रेष्ठ होते हुए स्वतंत्रता के संघर्ष में भी प्रेरक बनीं। इन पत्रिकाओं में साहित्य लेखन के सार्थक पक्ष को उभारने की प्रवृत्ति बराबर विद्यमान थी और इन पत्रिकाओं की रचनाओं में सामाजिक-सांस्कृतिक उत्थान को स्वतंत्रता संघर्ष से जोड़ने की प्रवृत्ति भी निहित थी।

स्वतंत्रता पूर्व युग की साहित्यिक पत्रिकाएँ प्रायः सामाजिक, राजनीतिक, सांस्कृतिक मुद्दों को एकत्रित कर पेश करने वाली ज्ञानदायक उच्चस्तरीय पत्रिकाएँ थीं। 'सरस्वती', 'हंस', 'देवनागर', 'इन्दु' आदि इसके उदाहरण हैं। सभी उम्र के स्तरीय पाठकों की आकांक्षाओं की पूर्ति इन पत्रिकाओं के द्वारा हो सकी थी।

समय के प्रवाह के साथ राजनीतिक, धार्मिक और आर्थिक परिदृश्यों में आने वाले

परिवर्तनों ने पत्रकारिता की भूमिका को नए विकल्पों से जुड़ने के लिए बाध्य किया। आज़ादी की प्राप्ति के बाद हमारी पत्रकारिता की दिशा ही परिवर्तित होने लगी। साहित्यिक पत्रकारिता के सामने नयी चुनौतियाँ खड़ी होने लगीं। आज़ादी के प्रथम दशकों में फिल्म, फिल्मी संगीत आदि ने साहित्यिक पत्रकारिता पर प्रतिकूल असर डाला था। धीरे-धीरे व्यावसायिक पत्रकारिता सनसनीखेज पैदा करने वाली पत्रिकाएँ अपराध और खोजबीन से जुड़ी हुई पत्रिकाओं ने जनमानस को अपनी ओर आकर्षित करने का प्रयास किया।

तहकीकात से जुड़ी हुई इस प्रकार की पत्रिकाओं ने जासूसी मनोवृत्ति को जाग्रत किया और स्तर से गिरे हुए मनोरंजन को प्रोत्साहन दिया। आगे जैसे-जैसे विज्ञान का विकास हुआ, दृश्य-श्रव्य माध्यमों के तूफानी प्रभाव ने शुद्ध साहित्यिक आस्वादन की स्थितियों को और उन पर आधारित पत्रिका को बुरी तरह से प्रभावित किया।

बीसवीं सदी के प्रथम चरण में हिन्दी प्रदेश में दो प्रकार की पत्र-पत्रिकाएँ प्रकाशित होती थीं–राजनीतिक और साहित्यिक। सन् 1900 ई. से 1920 ई. तक प्रत्येक वर्ष कोई न कोई पत्रिका अवश्य प्रकाशित होती रही है। इस अवधि में प्रकाशित राजनीतिक पत्रिकाएँ निम्नांकित हैं :

1. हितवाणी - 1904
2. नृसिंह - 1907 (साप्ताहिक)
3. अभ्युदय - 1907 (साप्ताहिक)
4. कर्मयोगी - 1909 (साप्ताहिक)
5. मर्यादा - 1909 (मासिक)
6. प्रताप - 1913 (साप्ताहिक)

इन पत्रिकाओं में नृसिंह, मर्यादा, कर्मयोगी अधिक चर्चित रहीं।

'नृसिंह' ने स्वराज्य को हमारा जन्म सिद्ध अधिकार के रूप में प्रतिष्ठित करने के प्रयास में अपनी पूरी शक्ति लगा दी। उसने देश के लोगों में आत्माभिमान और कर्मतंत्र में प्रवृत्त होने की प्रेरणा दी "आओ समस्त देशवासियो, हम लोग उपनिवेश और इसके पिट्ठू इंग्लैंड की वस्तुओं का बहिष्कार करें जिससे उन्हें जान पड़े कि हिन्दुस्तानी मरे मुर्दे नहीं हैं। हम लोग दिखा दें कि हम आत्माभिमानी हैं और तुम्हें तुम्हारे पाप कर्मों का फल चखाने के लिए कटिबद्ध हैं।"[1] आर्थिक कठिनाइयों की मजबूरी के कारण एक वर्ष के बाद इस पत्रिका का प्रकाशन बंद हो गया। उधर 'कर्मयोगी' नौ साल तक चलता रही, सरकार ने जमानत माँग कर इस पत्रिका का प्रकाशन बंद कर दिया था। 'मर्यादा' ने इन दोनों पत्रिकाओं की अपेक्षा राजनीतिक से ज़्यादा अपना तेवर साहित्यिक बना लिया था इसलिए दोनों ने नवजागरण में महत्वपूर्ण भूमिका निभाने का कार्य किया। इस काल की साहित्यिक, सांस्कृतिक पत्रिकाओं में निम्नांकित पत्रिकाएँ प्रमुख थीं।

1. सरस्वती - 1900 ई.
2. सुदर्शन - 1900 ई.
3. समालोचक - 1902 ई.
4. देवनागर - 1907 ई.
5. इन्दु - 1909 मासिक
6. प्रभा - 1913 मासिक

इनमें 'सरस्वती' और 'देवनागर' ऐसी पत्रिकाएँ थीं जो प्रायः सभी विषयों पर, लेख प्रकाशित करती थीं। डॉ. कैलाश नारद ने सरस्वती और प्रभा की तुलना करते हुए लिखा है : "'प्रभा' जिस तरह प्रकाशित हुई, वह हिन्दी पत्रकारिता के इतिहास में अन्यतम है। 'सरस्वती' यदि साहित्य के प्रति गहन मनस्विता की प्रतीक थी तो निस्संदेह प्रभा को अप्रतिहत मुक्ति के लिए बेचैन वाणी की मुखर अभिव्यक्ति कहा जा सकता है।"[2]

वैसे आधुनिक युग की पत्रिकाएँ विशेषकर उच्च मध्यवर्ग की आकांक्षाओं की पूर्ति की ओर अधिक ध्यान देती हैं। व्यावसायिकता की होड़ अधिक होने के कारण आज की साहित्यिक पत्रिका श्रेणीबद्ध होने लगी है क्योंकि इसी से इनके अस्तित्व के संकट का समाधान हो सकता है।

पत्रिकाओं को निम्नांकित चार स्तंभों के अंतर्गत आजकल आँका जाता है :

1. व्यावसायिक व राजनीतिक पत्रिका
2. लघु पत्रिका
3. सरकारी पत्रिका
4. साहित्यिक पत्रिका

इस विभाजन से साहित्यिक पत्रिकाओं का दायित्व और अधिक महत्वपूर्ण होकर उभरता है। इस युग की साहित्यिक पत्रिकाओं में कोई व्यावसायिक दृष्टि पनपी है तो इसका मूल कारण देश का अर्थतंत्र ही है क्योंकि अर्थ के साथ समझौता समय की विवशता है और वक्त की साजिश भी। कभी-कभी यही विवशता या साजिश का प्रभाव शुद्ध साहित्यिक बनने की निष्ठा और संकल्प पर भी पड़ता है।

आज साहित्य की पूर्ववर्ती अर्थवत्ता गुम हो गई क्योंकि पूर्ववर्ती जातीय अस्मिता और परवर्ती जातीय अस्मिता की तलाश की दिशाएँ बदल चुकी हैं। पहले साहित्यिक सेवा भावना के तहत ये पत्रिकाएँ प्रकाशित होती थीं और सेवा भावना उस युग के संपादकों में थी। लेकिन अब यह भावना वैयक्तिक दृष्टि में परिवर्तित हो गयी। आज कोई भी ऐसी साहित्यिक पत्रिका प्रकाशित नहीं होती जिसमें सामूहिक चेतना एवं सेवा भावना पूरी तरह निहित हो। आज की पत्रिकाओं में महँगाई, अर्थभाव, राष्ट्रव्यापी भ्रष्टाचार और सामाजिक मूल्यच्युति आदि ने स्थान पकड़ लिया है।

व्यावसायिक व राजनीतिक पत्रिका

मूलतः ये पत्रिका सामयिक संदर्भों से जुड़ी रहती है "प्रसार की दृष्टि से इनकी प्रतियों की संख्या शीर्ष स्थान पर रहती है। इनका प्रसार कुछ पत्रिकाओं के प्रसार का 56.8 प्रतिशत रहा।"[3] इस श्रेणी की प्रमुख पत्रिकाएँ है : 'धर्मयुग', 'साप्ताहिक हिन्दुस्तान', 'मनोहर कहानियाँ', 'सरिता, मुक्ता', 'कादंबिनी', 'इतवारी' पत्रिका आदि।

समाज कल्याण विषयक पत्रिकाएँ भी इस श्रेणी के अंतर्गत आती हैं। दिल्ली से प्रकाशित 'समाज कल्याण' इस श्रेणी की प्रमुख पत्रिका है। विज्ञान विषयक पत्रिकाओं को भी इस श्रेणी के अंतर्गत रखा जा सकता है, इस कोटि में 'विज्ञान प्रगति' हिन्दी की एक प्रमुख पत्रिका है।

हिन्दी की महिला पत्रिकाओं में प्रमुख 'गृहशोभा', 'मनोरमा', 'मेरी सहेली' आदि भी व्यावसायिकता की दृष्टि से इस श्रेणी में आने वाली पत्रिकाएँ हैं।

फिल्मी पत्रिकाएँ उदाहरण के लिए 'फिल्मी दुनिया', 'स्क्रीन', 'फिल्मी कलियाँ' जैसे करीब सौ से अधिक पत्रिकाएँ सन् नब्बे के बाद प्रकाशित होने लगी हैं। जिनकी प्रसार संख्या एक लाख पार कर चुकी है।

दूसरी ओर व्यावसायिक पत्रिकाओं की इस श्रेणी में एक अलग-सा स्थान बनाने वाली पत्रिकाएँ आती हैं। इस श्रेणी की पत्रिकाओं में 'धर्मयुग', 'सरिता', 'साप्ताहिक हिन्दुस्तान' जैसी पत्रिकाओं की साहित्यिक महत्ता अत्यधिक है और साहित्य की ओर उनकी देन भी अन्य पत्रिकाओं की अपेक्षा उल्लेखनीय है।

आज की विशेष परिस्थिति में प्रकाशन की व्यवस्था और सरकुलेशन की समस्या अधिक महत्वपूर्ण बन गई है, ज़्यादा से ज़्यादा पाठकों को अपनी ओर आकर्षित किये बिना पत्रिकाओं का अस्तित्व खतरे में पड़ सकता है। वस्तुतः व्यावसायिक पत्र-पत्रिकाएँ इस सत्य को समझती हैं, समझाती हैं और उसके अनुसार अपनी दिशाओं को भी बदलती रहती हैं।

लघु पत्रिका

लघु पत्रिकाओं का साहित्य निर्माण में अत्यंत महत्वपूर्ण योगदान है। वास्तव में लघु पत्रिका एक चुनौती के रूप में जन्म लेती है और यह चुनौती ही समाज में परिवर्तन का वातावरण तैयार करती है। लेकिन इसके लिए पहली शर्त यह है कि अपने सोचने के ढंग और कार्य के दायरे दोनों को व्यापक बनायें। वैसे अपने रंग-रूप और गठन की दृष्टि से यद्यपि लघु पत्रिकाएँ छोटी लगती हैं फिर भी उनकी बोधवत्ता काफी गहरी निकलती है। यह पत्रिकाएँ मानव के प्रति अत्यंत प्रतिबद्ध होकर सही दिशा की ओर साहित्य को ले जाती हैं जिसमें सच्चाई अपेक्षाकृत अधिक होती है। लघु पत्रिका से जुड़ी पत्रकारिता बीते हुए समय की नहीं, बल्कि आज की एक महत्वपूर्ण आवश्यकता है, क्योंकि यह आज की

साहित्यिक वृत्तियों को दिशा देने में सफल भूमिका अदा करती है।

लघु पत्रिकाएँ व्यक्ति की रचनाधर्मिता को और उसके बहुरंगी आयाम को अपने सही परिप्रेक्ष्य में प्रस्तुत करने की पूरी कोशिश करती हैं। समय की आवश्यकताओं को और उससे उभरने वाले मानवीय संकट बोध को पकड़ने में ये हमेशा जागरूक रहती हैं।

सरकारी पत्रिकाएँ

इस श्रेणी में संस्थाओं के द्वारा प्रकाशित पत्रिकाएँ ही अधिक आती हैं। राजभाषा कार्यान्वयन संबंधी कार्य के तहत प्रकाशित पत्रिकाओं की संख्या इनमें अधिक है। उदाहरणार्थ रबड़ बोर्ड की पत्रिका 'रबड़ समाचार', स्पाईसेस बोर्ड की पत्रिका, 'स्पाइस इंडिया', स्टील अथोरिटी ऑफ इंडिया लिमिटेड की पत्रिका 'इस्पात भाषा भारती', 'सेल न्यूज़' आदि इस श्रेणी की हैं। इन पत्रिकाओं में साहित्य संबंधी अनेक लेख भी छपते हैं 'देश विभाजन और हिन्दी कहानी' (इस्पात भाषा भारती, मार्च 1998, पृ. 9), 'अमीर खुसरो और हिन्दी' (इस्पात भाषा भारती, मार्च 1998, पृ. 22) जैसे लेख इस संदर्भ में संगत प्रतीत होते हैं।

भाषा, मधुमती, अनुवाद आदि साहित्य, तकनीकी विषय से जुड़ी हुई सरकारी पत्रिकाएँ हैं जो क्रमशः केन्द्रीय हिन्दी निदेशालय, केन्द्रीय अनुवाद ब्यूरो और राजस्थान साहित्य अकादमी से प्रकाशित होती हैं।

इन पत्रिकाओं में शोधात्मक लेख और सैद्धांतिक चर्चाएँ आदि मिलती हैं। समसामयिक जीवन की दृष्टि से इनकी प्रासंगिकता पूर्णरूप से स्वीकारी नहीं जा सकती है। वैसे सरकारी पत्रिकाओं के लक्ष्य अधिकतर सरकार के कार्यक्रमों का विवरण देना और उनका समर्थन करना होता है। आर्थिक दृष्टि से मज़बूत होने के कारण प्रचार और प्रसार की संख्या के प्रति ये पत्रिकाएँ निश्चित रहती हैं। कभी-कभी सरकारी पत्रिकाएँ प्रोपेगेंडा की चीज़ बन जाती है और जनता की रुचि का इन पर कोई असर नहीं बन पाता है। इस दृष्टि से वे एक सीमा तक यंत्रों का सा काम करती हैं।

साहित्यिक पत्रिकाएँ

साहित्यिक पत्रिकाओं की पहचान की नयी तलाश नए सिरे से शुरू हो गई। स्वतंत्रता के पूर्व साहित्यिक पत्रिकाएँ प्रायः साहित्य और समाज विषयक लेखों को प्रकाशित करती थीं लेकिन प्रत्येक साहित्यिक विधा को प्रकाशित करने वाली विशिष्ट साहित्यिक पत्रिकाएँ आज के युग की देन है। हिन्दी में नयी-नयी साहित्यिक पत्रिकाओं का निकलना जारी रहा, लगभग आज भी यही स्थिति बनी हुई है। "साहित्य एवं संस्कृति विषयक पत्रिकाओं का प्रसार कुल प्रसार का उन्नीस प्रतिशत रहा। हिन्दी में इस विषयक लगभग नौ सौ से अधिक पत्रिकाएँ प्रकाशित हुई हैं।"[4]

साहित्यिक पत्र-पत्रिकाएँ मानव जीवन में अपना विशेष महत्व रखती हैं ये सिर्फ व्यक्ति का रुचि परिष्कार ही नहीं बल्कि उन्हें भावनात्मक स्तर पर आह्लादित भी करती है। डॉ. नरेन्द्र भानावत के शब्दों में "साहित्यिक पत्र-पत्रिकाएँ राजनीति के क्षुब्ध वातावरण से ऊपर उठकर पाठकों को सांस्कृतिक स्तर पर रस विभोर कर देती हैं। दोनों का (समाचार-पत्र और साहित्यिक पत्रिका) अपना अपना मूल्य है। एक बाज़ार भाव है तो दूसरा सामान्य मूल्य। एक समुद्र की लहर की तरह ऊपर उठती है तो दूसरी अंतर पैठकर मानस को शांत और तृप्त करती है।"[5]

साहित्यिक पत्रिकाओं ने हिन्दी साहित्य की अभिवृद्धि की है। अनेक काव्य आंदोलनों का उद्भव और विकास इन्हीं पत्रिकाओं के कारण संभव हो सका है। नयी विधाओं की प्रेरक भूमि भी ये पत्रिकाएँ ही रही हैं। इनमें कविता, कहानी, नाटक, समीक्षा आदि विषयक पत्रिकाएँ आती हैं। इस दृष्टि से कविता, नयी कविता, निकष, नटरंग, मधुमती, दस्तावेज, प्रकर, परिषद पत्रिका, शोध पत्रिका, शोध भारती, मधु माधवी, सम्मेलन पत्रिका, आलोचना, हंस, सारिका, संचेतना, नवनीत, कादंबिनी, कल्पना, भाषा, समकालीन साहित्य आदि पत्रिकाएँ प्रमुख हैं।

आर्थिक संकट की वजह से हिन्दी की एक साहित्यिक पत्रिका बंद होती है तो कोई दूसरी पत्रिका उसकी जगह ले लेती है। कल्पना, माध्यम, प्रतीक और नया प्रतीक आदि पत्रिकाएँ बंद हुईं, पर आलोचना निकलती रही। उसके बाद समीक्षा, पहल, पूर्वग्रह, दस्तावेज आदि पत्रिकाएँ सामने आईं। सन् 1991-92 वर्ष में आलोचना और पूर्वग्रह बंद हो गईं पर समीक्षा, पहल, दस्तावेज आदि अपने अस्तित्व की लड़ाई लड़ती रहीं।

'कल्पना' पत्रिका के संपादक मंडल के एक सदस्य बदरी विशाल पित्ती के विचार में–"साहित्यिक पत्रिका में मानवी-तत्व बहुत अधिक मात्रा में होते हैं उसी प्रकार की अनुभूति किसी साहित्यिक पत्रिका के मरने पर होती है। किसी की हत्या कर दी जाती है कोई अपनी उम्र पूरी करके मरता है। जिस तरह कोई व्यक्ति अमर नहीं रह सकता उसी तरह कोई साहित्यिक पत्रिका भी अमर नहीं रह सकती। परंतु दोनों समाज को अपनी-अपनी देन दे जाते हैं। इस दृष्टि से देखने पर संतोष हो जाता है।"[6]

फिलहाल प्रत्येक क्षेत्र में विशेषीकरण ने अपना अधिकार जमा लिया है। इसलिए विकल्प सीमित होने लगा तथा अस्तित्व का संकट भी पैदा हो गया है, साथ ही साथ लोगों की रुचि साहित्य से धीरे-धीरे घटने लगी। इसका कारण यही होगा कि उपभोक्ता संस्कृति ने भाषा की संवेदना को नष्ट कर दिया है तथा उसकी अस्मिता को लुप्त होने के लिए बाध्य किया है। हाल की व्यावसायिक होड़ ने समाचार-पत्रों को साहित्यिक पत्रिकाओं की अपेक्षा ज़्यादा टिकाऊ ही सिद्ध किया है, क्योंकि व्यावसायिक होड़ में आकर समाचार-पत्रों की रंगीन साप्ताहिकी इन पत्रिकाओं को हरा देती है।

वस्तुतः साहित्यिक पत्रिकाओं को दो प्रकार से विभाजित किया जा सकता है। शुद्ध साहित्यिक पत्रिकाएँ और अर्धसाहित्यिक पत्रिकाएँ। इस तरह दो भेद साहित्यिक पत्रिकारिता में समानांतर रूप से चलते रहे।

शुद्ध साहित्यिक पत्रिकाएँ

प्रत्येक साहित्यिक विधा को प्रकाशित करने वाली विशिष्ट साहित्यिक पत्रिकाएँ आधुनिक युग की देन हैं। जैसे नाटक पर आधारित समीक्षात्मक लेख तथा पुस्तक समीक्षाएँ 'नटरंग' जैसी पत्रिकाओं में छपकर आती हैं तथा आलोचना संबधी 'समीक्षा' में। इस प्रकार प्रत्येक क्षेत्र–विधा–की प्रत्येक पत्रिका प्रकाशित होने के कारण सूक्ष्मीकरण तथा विकल्पों की सीमाबद्धता सामने उभर कर आयी है। लेकिन सुविधा यह भी है कि पाठक इच्छानुसार पत्रिकाओं का चयन कर सकता है।

कविता और कहानी से जुड़े आंदोलन तो साहित्यिक पत्रिकाओं की ही देन हैं। साहित्यिक पत्रिकाओं ने कविता को कई नामों से अभिहित किया। कहानी तथा अन्य विधाओं में भी ऐसा नामकरण बहुत तेजी से चल रहा है। आज की शुद्ध साहित्यिक पत्रिकाओं की एक और उपलब्धि नयी पुस्तकों का मूल्यांकन है। इन पत्रिकाओं ने अपने पृष्ठों पर महत्वपूर्ण पुस्तकों का उद्धार किया है वैसे तो पुस्तक समीक्षा अकसर होती है। लेकिन प्रकाशन एकाध का ही होता है। ऐसे संदर्भ में लेखकों के लिए यही चारा है कि साहित्यिक पत्रिकाओं में ही अपनी पुस्तक समीक्षा प्रकाशित करें।

'प्रतीक' से अज्ञेय ने शुद्ध साहित्यिक पत्रिकारिता की नींव डाली जिसमें व्यक्तिवादी टोन प्रमुख है इसी परंपरा में दस्तावेज, नये पत्ते, नयी कविता, साक्षात्कार, समीक्षा आदि पत्रिकाओं को रखा जा सकता है। शुद्ध, साहित्यिक पत्रिकाएँ आर्थिक संकट से जूझते-जूझते समाप्त हो जाती हैं। इन पत्रिकाओं की कमी यह है कि वह सभी पाठकों को अपनी ओर आकर्षित नहीं कर सकतीं। वाद-विवादों के झोंकों से और प्रयोगधर्मिता की संकीर्णता से ग्रस्त हो जाने के कारण शुद्ध साहित्यिक पत्रिकाएँ कभी-कभी आम आदमी की पहुँच के बाहर की हो जाती है। ज़्यादातर शुद्ध साहित्यिक पत्रिकाएँ लेखकों के लिए लेखकों के द्वारा चलाई जाती हैं। इस सीमाबद्धता के कारण गुटबंदी, प्रतिशोध की भावनाएँ और अनावश्यक आलोचनाएँ, ये सब साहित्यिक पत्रिकाओं की रुग्णता के निशान बन जाती हैं। अधिकतर साहित्यिक पत्रिकाओं की मृत्यु इन्हीं रोगग्रस्त स्थितियों के कारण होती है। यहाँ साहित्यिक और अर्द्ध-साहित्यिक पत्रिकाओं के बीच द्वन्द्व खड़ा होने लगा।

अर्द्ध-साहित्यिक पत्रिकाएँ

अर्द्ध-साहित्यिक पत्रिकाओं में साहित्यिक रचनाओं के साथ-साथ खेलकूद, सिनेमा,

राजनीतिक गतिविधियाँ और समकालीन स्तंभों पर अनेकविध लेखनियाँ प्रकाशित होती हैं। धर्मयुग, साप्ताहिक हिन्दुस्तान आदि इस श्रेणी की प्रमुख पत्रिकाएँ हैं।

अर्द्ध-साहित्यिक पत्रिकाएँ साहित्य, समकालीन परिदृश्य, फिल्मी समाचर, राजनीतिक स्थितियाँ आदि के साथ अपने अस्तित्व के लिए आवश्यक अन्य तथ्यों को भी जोड़ती हैं और इस कारण जीवित रहती हैं। एक दृष्टि से अर्द्ध-साहित्यिक पत्रिकाएँ ही सामान्य जनता के लिए अधिक रुचिकर होती हैं क्योंकि विभिन्न प्रकार की रुचियों का समन्वय इनमें होता है। केवल साहित्य से मात्र किसी का मन तृप्त नहीं हो सकता। मनोरंजन के लिए साहित्य के साथ-साथ वैविध्यात्मक विषयों का रंगीन चयन आवश्यक हो जाता है। यहीं पर अर्द्ध-साहित्यिक या अर्द्ध-व्यावसायिक पत्रिकाएँ सफल होती हैं।

साहित्यिक पत्रिकाएँ : अस्तित्व का संकट

स्वतंत्रता पूर्व की साहित्यिक पत्रिकाएँ इस दृष्टि से सौभाग्यशाली हैं कि उसे किसी प्रकार की व्यावसायिक प्रतियोगिता नहीं सहनी पड़ी। व्यावसायिकता को छोड़ दूसरे तमाम दबावों के बीच भी साहित्यिक पत्रिकाएँ अपने चरित्र को बनाए रख सकीं। स्वतंत्रता के बाद सारा परिदृश्य ही बदल गया। पत्रकारिता अब खतरे से भरपूर चीज़ बन गयी है। इससे अर्थलाभ जुड़ गया है। यह अर्थलाभ फिलहाल साहित्यिक पत्रिकाओं को उसकी मूल अस्मिता से भटकाने में ही सहायक सिद्ध हुआ।

हमारे देश में स्वतंत्रता के पश्चात् अर्थनीति के दाँवपेंच और अंदरूनी राजनीतिक साजिश बहुत अधिक उभरकर आने लगी है। ऐसी स्थिति में संभवतः पत्रिकाओं का वाणिज्यीकरण का शिकार हो जाना स्वाभाविक है। वाणिज्यीकरण के कारण एक विशेष प्रकार का साहित्य, एक विशेष वर्ग की वस्तु बनकर प्रकाशित होने लगा। यहाँ साहित्यिक और अर्द्ध-साहित्यिक पत्रिकाओं के बीच द्वन्द्व खड़ा होने लगा। साहित्यिक पत्रिकाओं के प्रति लोगों की उदासीनता बढ़ती गयी। साहित्यिक पत्रिकाओं को व्यावसायिक पत्रिकाओं की प्रतिस्पर्धा में बहुत बड़ी कीमत चुकानी पड़ी।

नयी चुनौतियाँ

जब साहित्यकार-संपादक व्यावसायिक दृष्टि से संचालित होने लगता है तो कमोबेश उसका ध्यान उन व्यावसायिक प्रतिष्ठानों की ओर ज़्यादा जाता है जिनकी आर्थिक सहायता पर वह निर्भर करता है। वैसे देश के सामाजिक, सांस्कृतिक व राजनीतिक क्षेत्रों में हो रहे उल्लेखनीय परिवर्तनों को एक सकारात्मक दृष्टि प्रदान करने की कोशिश तो हुई किन्तु अर्थलाभ की दृष्टि से आज की साहित्यिक पत्रिकाएँ मुक्त नहीं हो पायी हैं। इन बदलते परिदृश्यों ने लेखकों को अर्थमुखी होना सिखा दिया। वाणिज्यीकरण वैसे तो आधुनिकता

का ही अंग है यह सभ्यता आधुनिकतावादी संसार में अस्तित्व के संकट से बचने के लिए एक अनिवार्य शर्त हो गयी है।

औद्योगिक विकास के साथ-साथ नयी-नयी तकनीक का विकास हुआ है। मुद्रण कला के विकास से पत्रिकाओं की छपाई अधिक महँगी हो गई है और इस कारण विज्ञापन की दरों में भी वृद्धि करनी पड़ रही है। लेटर प्रेस का स्थान आज लुप्त-सा हो गया है और कंप्यूटर आधारित छपाई के नए-नए प्रयोग उभकर आने लगे हैं।

आधुनिक वैज्ञानिक प्रगति ने ऐसी पत्रिकाओं को जन्म दिया है जिनका उद्देश्य सांस्कृतिक उत्थान या बौद्धिक विकास मात्र न होकर अर्थसिद्धि भी है। इस कारण आजकल की साहित्यिक पत्रिकाएँ बहुत महँगी पड़ने लगी हैं और साधारण पाठक के पहुँच के बाहर होती जा रही हैं। वाणिज्यीकरण की होड़ में आकर आज की साहित्यिक पत्रिकाओं के मूल्यों के प्रति आस्था कम हो गयी है साथ ही साथ पाठकों से प्रतिबद्धता भी घटती जा रही है। इसका परिणाम यही हुआ कि ये पत्रिकाएँ टिकाऊ नहीं बल्कि बिकाऊ बनने लगीं। पत्रिकाओं के स्तर को आज वितरण की संख्या निश्चित करती है। अतः हम कह सकते हैं कि जो पत्रिकाएँ अपने रंग रूप के कारण ज़्यादा लोकप्रिय हो चुकी हैं उसे ही आज अधिक टिकाऊ माना जा सकता है, न ही उसमें आस्था एवं मूल्यवत्ता होती है और न ही प्रतिबद्धता। इसलिए शुद्ध साहित्यिक पत्रिकाओं को व्यावसायिक पत्रिकाओं की प्रतिस्पर्धा में बहुत बड़ी कीमत चुकानी पड़ती है। वाणिज्यीकरण की ओर इतनी अधिक उन्मुखता साहित्य को मीडिया के शिकंजे में बंद करने लगी है, यह मीडियोन्मुखी होना साहित्यिक पत्रिकाओं के लिए स्वस्थ लक्षण भी नहीं है।

सिद्धांततः हम ये कह सकते हैं कि साहित्यिक पत्रिकाओं में साहित्यिक मूल्यों की प्रधानता होनी चाहिए। श्री राजेन्द्र यादव के अनुसार "साहित्यिक मूल्यों के प्रति प्रतिबद्ध पत्रिका ही वस्तुतः साहित्यिक पत्रिका है।"[7]

साहित्यिक पत्रिकाओं के अस्तित्व को लेकर बहुत अधिक बहस चलती आ रही है। इन पत्रिकाओं के अस्तित्व में बाधा डालने वाले अनेक ऐसे अंग हैं; जैसे विचारों का आत्मसंघर्ष, अकुशल लेखकों का लेखन, आर्थिक संकट, भाषिक संरचना की दृष्टि से संकट आदि। साहित्यिक पत्रिकाओं में प्रकाशित लेखों की भाषा मानक स्तर से गिरने लगती है तो उसका प्रभाव भी बुरा पड़ता है। शब्दों का बेहूदा प्रयोग भी लेखन को निरर्थक बनाने का कार्य करता है। शुद्ध साहित्यिक पत्रिकाएँ आर्थिक संकट से जूझते-जूझते समाप्त हो जाती हैं क्योंकि मुनाफा कमाने के लिए उत्सुक व्यावसायिक पत्रिकाओं के आगे टिकाऊ होना फिलहाल इन पत्रिकाओं के लिए नामुमकिन बात है।

साहित्य समाज के समता, शोषण, हीनता, शांति, सुख और प्रेम का पक्षधर होता है। ये सारी चीज़ें शोषण के लिए बाधक तत्व सिद्ध होती हैं इसलिए शोषण एवं अर्थव्यवस्था

पर आधारित समाज के शीर्ष पर बैठे लोगों के हितों की रक्षा इससे कदाचित संभव नहीं है। अतः वे लोग ऐसी साहित्यिक पत्रिकाओं को ही प्रोत्साहन देते हैं जिसमें उनके हितों की रक्षा परिलक्षित है। यह प्रोत्साहन विज्ञापन के रूप में ही होता है। जो पत्रिकाएँ सत्ताधारी वर्ग से समझौता करने में सफल होती हैं उनको ही यह आर्थिक सहायता मिल पाती है अन्यथा ये पत्रिकाएँ कालग्रस्त हो जाती हैं। इसलिए ही ऐसा होता है कि जब एक पत्रिका आर्थिक संकट के कारण रोगग्रस्त एवं दमतोड़ अवस्था को प्राप्त करती है तो दूसरी ओर एक पत्रिका निकलती है और इसी कारण हम ऐसा कहने के लिए मजबूर हो जाते हैं कि साहित्यिक पत्रिका संकट में है पर उनके अस्तित्व का कोई संकट नहीं है।

इस संदर्भ में एक उद्धरण समीचीन नज़र आता है—"इस अंक के साथ 'समीक्षा' अपने इकतीसवें वर्ष में प्रवेश कर रही है—किसी साहित्यिक पत्रिका के लिए तीस वर्ष की ज़िन्दगी बहुत लंबी मानी जाती है खासकर वैसी पत्रिका के लिए जिसे किसी सरकारी या गैर-सरकारी संस्था का संरक्षण न प्राप्त है न हो या उसकी खुद की ऐसी व्यवस्था न हो जिससे आर्थिक समस्या हल की जा सके। 'समीक्षा' को न तो किसी सरकार का संरक्षण प्राप्त है न किसी साहित्यिक संस्था का और न ही उसके पास ऐसी व्यवस्था है कि धन इकट्ठा किया जा सके। फिर भी तीस वर्षों से 'समीक्षा' निकलती आ रही है इसके पीछे एक ज़िद ही है जो इन पंक्तियों के लेखक को हथियार नहीं डालने देती। जो 'समीक्षा' निकल रही है और जो आसार हैं उनसे इसके बंद होने की संभावना भी नहीं दिखाई देती। साधु तो कभी-कभी कंबल को छोड़ना चाहता है पर कंबल ही उसे नहीं छोड़ता कदाचित साधु भी भीतर ही भीतर ऐसा चाहता ही है।"[8]

वैसे हिन्दी की शुद्ध साहित्यिक पत्रिकाओं के अस्तित्व का संकट कोई नयी बात नहीं है। आर्थिक दृष्टि से उन्नीसवीं शताब्दी के अंतिम चरण में जो स्थिति हिन्दी पत्रिकाओं की थी ठीक वैसी ही स्थिति बीसवीं शताब्दी के अंतिम चरण में भी बनी हुई है। भारतेन्दु हरिश्चन्द्र द्वारा संपादित 'कविवचन सुधा' से लेकर यह संकट आज तक ज्यों-का-त्यों बना हुआ है। उन दिनों में भी साहित्य स्तर की गंभीर पत्रिकाओं के पाठक बहुत कम थे तथा उन दिनों आर्थिक संघर्ष का एक इतिहास भी था। 'हिन्दी प्रदीप' और 'ब्राह्मण' जैसी पत्रिकाओं का दम तोड़ जाना इसी वजह से ही शायद हुआ है। उस समय उन पत्रिकाओं को बहुत अधिक ग्राहक नहीं मिले और जो मिले वे प्रबुद्ध पाठकों की कोटि में गिने नहीं जाते थे तथा चंदा चुकाने का नाम तक नहीं लेते थे।

'ब्राह्मण' में प्रकाशित संपादक की यह अपील देखने योग्य है :

> दाता जजमान! प्यारे पाठक!! अनुग्राहक पाठक!
> चार महीने हो चुके
> ब्राह्मण की सुधि लेव

गंगा माई जै करे
हमें दक्षिण देव!!
जो बिना माँगे–दीजिए
चहुँ दिशा होय आनंद
तुम निश्चित हो हम करै
मांगत को सौगंध!"[9]

उपर्युक्त पंक्तियों से इस शती की साहित्यिक पत्रिकाओं की दुविधा का अनुमान लगाया जा सकता है। लगभग यही स्थिति आज भी बरकार है।

आर्थिक संकट की वजह से यदि कोई पत्रिका बंद हो जाती है तो कोई नयी पत्रिका उसकी जगह ले लेती है। जैसे प्रतीक, नये पत्ते, माध्यम आदि पत्रिकाएँ बंद होने पर आलोचना, पूर्वग्रह, समीक्षा, पहल, दस्तावेज आदि पत्रिकाएँ निकलती रहीं। बाद में जब, आलोचना और पूर्वग्रह के बंद हो जाने पर अब पहल, समीक्षा, दस्तावेज आदि अपने अस्तित्व की लड़ाई लड़ रही हैं।

साहित्यिक पत्रिकाओं के अस्तित्व को दुविधाग्रस्त बनानेवाला अंग आर्थिक संकट है। यह तो निर्विवाद है, पर यह संकट अत्यंत सीधा-सादा नहीं उसके साथ सांस्कृतिक और मनोवैज्ञानिक संकट भी जुड़े हुए है। इस संदर्भ में 'पूर्वग्रह' पत्रिका को ही हम ले सकते हैं। 'पूर्वग्रह' के बंद होने के पीछे आर्थिक अभाव कदापि नहीं है क्योंकि यह पत्रिका मध्य प्रदेश सरकार की पत्रिका थी तथा सरकार की ओर से उदारतापूर्वक आर्थिक अनुदान उसको मिलता रहा, फिर भी यह क्यों बंद हुई? इससे हम इस निष्कर्ष पर पहुँचने के लिए बाध्य हो जाते हैं कि आर्थिक संकट ही एक ऐसी वजह नहीं, जिससे साहित्यिक पत्रिकाओं के अस्तित्व में बाधा उत्पन्न हो सकती है। बल्कि और भी कुछ ऐसे कारण हैं जिनके कारण साहित्यिक पत्रिकाओं के प्रकाशन में गतिरोध उत्पन्न हो सकता है।

कभी-कभी साहित्यिक पत्रिकाएँ एक गुट विशेष के साहित्यकारों के हाथ की कठपुतली एवं साहित्यिक तिकड़मबाजी का साधन भी बन जाती हैं और साथ ही साथ राजनीतिक विचारधारा से संबद्ध लोगों के बंद मंच की भूमिका भी इन पत्रिकाओं को निभानी पड़ती है।

इस संदर्भ में 'समीक्षा' के संपादक श्री गोपाल राय का कथन उद्धत करना समीचीन नज़र आता है : "आज हम पूर्वग्रह के बंद होने से प्रसन्न नहीं हैं पर क्या यह सच नहीं है कि 'पूर्वग्रह' एक गुट विशेष के साहित्यकारों के हाथ का खिलौना और साहित्यिक अखाड़ेबाजी का साधन बन गया था। 'पूर्वग्रह' का साहित्यिक एप्रोच उसमें खिलने वालों का चुनाव, विषय, भाषा सब कुछ एक विशेष मानसिकता और दृष्टिवाले वर्ग से शासित था। यह वह वर्ग है जो अपने को हर प्रकार से विशिष्ट समझता है और विशिष्ट दिखाना भी चाहता है। अपने को विशिष्ट दिखाने के क्रम में वह ऐसी भाषा बोलता है जो

अधिकांश शिष्ट समुदाय को भी समझ में नहीं आती। वह साहित्य को जनता की वस्तु न मानकर कुछ थोड़े से विशिष्ट व्यक्तियों की वस्तु मानता है। उसके विचार और भाव पढ़े-लिखे आम आदमी की पकड़ के बाहर होते हैं। वह भाषा का ऐसा जाल बुनता है जो भावों और विचारों को रहस्यावृत्त करता है। दरअसल 'पूर्वग्रह' के असमय अंत का कारण भोपाल का एक साहित्यिक वर्ग ही था। 'पूर्वग्रह' हिन्दी के शिष्ट जनसमुदाय पर एक आरोपित पत्रिका थी, जो आतंक अधिक जमाती थी, आश्वस्त कम करती थी। इस दृष्टि से मुझे यह नहीं लगता कि 'पूर्वग्रह' के बंद हो जाने से हिन्दी की कोई विशेष क्षति हुई है, पर यह जरूर है कि पूर्वग्रह जैसी साधन संपन्न पत्रिका का बंद हो जाना हिन्दी के लिए दुर्भाग्यपूर्ण है।"[10]

हिन्दी की एक और स्तरीय पत्रिका थी 'आलोचना' जो आर्थिक संकट के कारण दम तोड़ गयी थी। इस पत्रिका के बंद होने का असली कारण तो डॉ. नामवर सिंह और श्री मोहन गुप्त ही बता सकते हैं। 'आलोचना' के बंद होने का और एक कारण संभवतः यह भी है कि यह एक विशेष राजनीतिक विचारधारा से संबद्ध लोगों का बंद मंच बन गयी थी। वैचारिक संकीर्णता और साहित्यिक गुटबंदी के कारण आलोचना से भी पाठकों की उदासीनता बढ़ने लगी थी। विशेषकर प्रबुद्ध पाठकों के विकल्प को सीमाबद्ध कर दिया है और इसी कारण साहित्यिक पत्रिकाएँ दुविधाग्रस्त होती जा रही हैं। साथ-ही-साथ शुद्ध साहित्यिक बनने या बनाने की चेष्टा को कायम रखने के बावजुद भी कहीं श्रम, निष्ठा और संकल्प सामयिक अर्थतंत्र से प्रभावित नज़र आते हैं।

साहित्यिक पत्रिकाओं का संपादन : परिवर्तित दिशाएँ

उन्नीसवीं सदी के अंतिम चरण में जब हिन्दी में साहित्यिक पत्रिकाओं की भरमार थी, तब वास्तविकता यह थी कि उनको जिंदा रखने के लिए संपादकों को कड़ी मेहनत करनी पड़ती थी। उन दिनों संपादक हिन्दी की सेवा करने के उद्देश्य से पत्र निकालते रहे। लेकिन स्तरीय पाठकों का अभाव इन पत्रिकाओं के लिए अत्यंत खतरे की स्थिति पैदा करता था। हिन्दी पत्र-पत्रिकाओं का यह संकट काल था। ऐसे समय में हिन्दी साहित्य जगत में सरस्वती का आविर्भाव हुआ। पहले श्री श्याम सुन्दर दास के संपादकत्व में सन् 1900 ई. में इसका प्रकाशन हुआ। हिन्दी के सभी अंगों को पुष्ट करके पाठकों में साहित्यिक अभिरुचि संपन्न करने के साथ ही उन्हें आधुनिक और प्राचीन ज्ञान-विज्ञान संबधी लेख देकर ज्ञान-वर्धन करना इस पत्रिका का उद्देश्य था।

संपादन और प्रकाशित सामग्री के उच्च स्तर का होते हुए भी आरंभ में 'सरस्वती' को हिन्दी जगत में उत्साहवर्धक समर्थन नहीं मिला। प्रकाशक को अनेक कठिनाइयों का सामना करना पड़ा। पर इतना होने पर भी प्रथम तीन वर्षों में ही 'सरस्वती' ने

हिन्दी संसार में अपना स्थान बना लिया था। उस समय वह हिन्दी की सर्वश्रेष्ठ पत्रिका मानी जाने लगी थी। उसकी छपाई, सफाई, चित्र और अलंकरण बेजोड़ थी। लेखों की विविधता और उपादेयता स्वीकार की जा चुकी थी। उस समय उत्तर प्रदेश और बिहार के अधिकांश प्रसिद्ध और प्रतिष्ठित हिन्दी लेखक 'सरस्वती' के साथ सहयोग करने लगे थे। "सन् उन्नीस सौ तीन ई. में सरस्वती की कमान महावीर प्रसाद द्विवेदी के हाथों में आई। आरंभ में द्विवेदी जी को अनेक कठिनाइयों का सामना करना पड़ा, पर धीरे-धीरे उन्होंने 'सरस्वती' के लेखकों का एक मंडल बना लिया जिसमें विविध विषयों के विशेषज्ञ थे। द्विवेदी जी सर्वदा नयी प्रतिभाओं की खोज में रहते थे। वे नये और होनहार साहित्यप्रेमी युवकों को हिन्दी में लिखने को प्रोत्साहित करते रहे। वे उनसे लेख लिखवाते थे, और भाषा का सुधार भी अपनी ओर से करते थे। प्रसिद्ध व्यक्तियों से सरस्वती में लिखने का आग्रह करते थे।"[11]

सरस्वती ने संपादन के क्षेत्र में नूतन परिवर्तन का प्रादुर्भाव किया। इसकी संपादकीय टिप्पणियाँ विविध विषयों पर होती थीं सामाजिक, सांस्कृतिक, साहित्यिक, शिक्षा संबंधी विषयों पर उनकी टिप्पणियाँ ज्ञानवर्धक और विचारोत्तेजक होती थीं। नियमित रूप से संपादकीय टिप्पणियों की परंपरा मासिक पत्रों में शायद सबसे पहले 'सरस्वती' ने ही प्रारंभ की थी।

द्विवेदी युगीन पत्रिकाओं में संपादक को स्वयं सारी पत्रिकाओं का संपादन एवं लेखनियों का कार्य देखना था। 'सरस्वती' के अलावा, 'देवनागर', 'इन्दु' आदि पत्रिकाओं ने भी संपादन की परिवर्तित दिशाओं की ओर प्रकाश डाला है। परवर्तीकाल में प्रेमचंद युगीन पत्रिकाओं में 'हंस' साहित्यिक पत्रकारिता में मानवीय मूल्यों के लिए संघर्ष का प्रतीक बन गया। प्रेमचंद ने 'हंस' के लिए सब कुछ सहा। विदेशी शासन की कोप दृष्टि बराबर उन्हें घेरे रही। बार-बार हंस को जमानत भरनी पड़ी लेकिन प्रेमचंद सच्चे लेखक-संपादक के रूप में बराबर अपने लक्ष्य की प्राप्ति के लिए आगे बढ़ते रहे। अतः कहा जा सकता है कि उन दिनों वैसे तो व्यावसायिक पत्रकारिता शुरू तो नहीं हुई थी फिर भी दूसरे तमाम दबावों को सहते हुए भी साहित्यिक पत्रिकाओं ने अपने चरित्र पर आँच आने नहीं दी। लेकिन बदलते परिदृश्य ने इस प्रकार की सच्चरित्रता को साहित्यिक पत्रिकाओं से कोसों दूर कर दिया, साथ ही साथ लेखकों एवं संपादकों को अर्थमुखी होना भी सिखा दिया।

'हंस' ने हिन्दी साहित्य को समृद्ध बनाने में जो भूमिका निभायी थी वह साहित्यिक दृष्टि से अत्यंत महत्वपूर्ण रही। संपादन की परंपरा के इतिहास में कुछ ऐसे परिवर्तन इस काल के बाद दिखाई पड़ते हैं जो सभी दृष्टियों से महत्वपूर्ण बनते हैं, आज़ादी की लड़ाई जब जारी रही और सामाजिक परिवर्तन की आवाज़ जब बुलंद होती गई, तब शुद्ध साहित्यिक लेखों की छाया में संपादक विश्राम नहीं कर सकता था। अतः ऐसे लेख

ही पत्रिकाओं में स्थान पाने लगे जिनका परिप्रेक्ष्य राजनीतिक, सामाजिक परिवर्तन और जनजीवन से जुड़ा हुआ था। धीरे-धीरे यह परिप्रेक्ष्य इतना व्यापक हो गया कि साहित्य कई विषयों में से एक विषय बन गया। वास्तव में संपादन की दृष्टि से यह एक संक्रमण काल था। आज़ादी प्राप्ति के बाद आने वाले परिवर्तनों में पत्रिकाओं से लाभ उठाने की व्यावसायिक दृष्टि प्रतिष्ठित की और यहाँ से व्यावसायिक पत्रकारिता का उदय होने लगा। इस क्षेत्र में पूंजीपतियों के आगमन ने मुनाफाखोरी के समूचे साधनों को जुटाने के प्रयास को बढ़ावा दिया और प्रतिष्ठित घराने (धर्मयुग, साप्ताहिक हिन्दुस्तान जैसे) के प्रकाशक परिवारों का आगमन इसके परिणामस्वरूप उभर आया।

स्वतंत्रता के पश्चात् संपादन की दिशाओं में कई प्रकार के परिवर्तन दिखाई पड़ते हैं, पत्रिकाओं के संबंध में लोगों की अवधारणाओं में परिवर्तन आने लगता है, विषयगत विशिष्टता को ध्यान में रखते हुए कई प्रकार की पत्रिकाओं का जन्म इस काल में होने लगता है। पत्रिका का धर्म साहित्यिक लेखों का प्रकाशन मात्र न होकर प्राकृतिक सौंदर्य पर्यटन, वैज्ञानिक अनुसंधान, रोजमर्रा की स्थितियाँ, अंतर्राष्ट्रीय राजनीति, फिल्मों की भूमिका, खेलकूद के जगत की विशेषताएँ; सनसनीखेज पैदा करनेवाली खबरों का प्रकाशन; अपराध और दंड नीति से जुड़ी हुई समस्याएँ; सेक्स और जीवन की समस्याएँ, अर्थ और शेयर बाज़ार की समस्याएँ; चिकित्सा क्षेत्र की उपलब्धियाँ, प्रौद्योगिकी के नये क्षितिज से लेकर तोड़-फोड़, विस्फोट और आतंक तक के विषय वैविध्य को अपने अंदर समेट लेता है।

बीसवीं शताब्दी के समकालीन संपादन की शैली ही परिवर्तित हो गयी है। विषय और वस्तु से जुड़ी हुई सामग्री को अधिक से अधिक महत्व देकर प्रस्तुत करने की कोशिश ने लेखक की भूमिका को गौण बना दिया है। रंगीन चित्र और परिदृश्यों के माध्यम से संपादक अपनी पत्रिका को अधिक आकर्षक बनाना चाहता है। यहाँ लेखकीय महत्ता एक बड़ा सवाल नहीं है। किसी भी स्तर का लेखक सामान्य पत्रिका का कलेवर सजा सकता है, इस मनोवृत्ति का प्रभाव धीरे-धीरे साहित्यिक पत्रिकाओं पर भी पड़ने लगता है। कहीं-कहीं आइडियालॉजी भी साहित्यिक पत्रिकाओं के संपादन में गतिरोध पैदा करती है।

इस संदर्भ में 'दस्तावेज़' के संपादक डॉ. विश्वनाथ तिवारी का कथा समीचीन नज़र आता है। उनके अनुसार "संपादक ने यदि आइडियालॉजी के आधार पर संकीर्णता बना ली तो यह पत्रिका की सीमा है। साहित्यिक पत्रिका को किसी आइडियालॉजी से बँधना नहीं चाहिए उसे खुला मंच होना चाहिए। मनोहर श्याम जोशी को उद्धृत करते हुए उन्होंने कहा है कि आजकल पत्रिकाओं में संपादक का चेहरा दिखता है लेखक का चेहरा उसमें दिखता ही नहीं।"[12] अतः संपादक यहाँ महत्वपूर्ण अंग बन गया और लेखक अपेक्षाकृत कम।

आठवें दशक से लेकर संपादन के क्षेत्र में कई परिवर्तन आये हैं, जो विशेष उल्लेखनीय होते हैं। आज संपादक एक संयोजक भी है और उसके निर्देशन में काम

करनेवाले अनेक तकनीकी विभाग भी बन गये हैं। कला का, छायांकन का, कंप्यूटर प्रौधोगिकी से जुड़ा हुआ विभाग, इंटरनेट की सहायता से प्रकाशन करने का विभाग जैसे विभागों का संचालन प्रमुख व्यावसायिक पत्रिकाओं में उपलब्ध है। इन सबकी सहायता से प्रकाशन की भूमिका ही बदल गयी है। पत्रिका में प्रकाशित कहानी हो, कविता हो या धारावाहिक हो, इसलिए अधिक आकर्षक बनते हैं कि उनके साथ कलात्मक साज-सज्जा, रंगों का तालमेल, चित्रों की आकर्षणीयता आदि का समावेश होता है।

उधर संपादन के क्षेत्र में भाषा ने भी महत्वपूर्ण भूमिका अदा की है। समकालीन पत्र-पत्रिकाओं की भाषा सरलीकरण की ओर उन्मुख होना चाहती है। मानक भाषा का प्रयोग करते समय भी उसको जन सामान्य की समझ के अंदर प्रतिष्ठित करने का प्रयास भी जारी रहता है। व्यावसायिक पत्रकारिता की भाषा अधिक सरल होती है इस प्रभाव से साहित्यिक पत्रिकाएँ भी मुक्त नहीं हो पायी हैं। इस कारण आज की साहित्यिक पत्रिकाएँ भी भाषा को कृत्रिम बनाने से अपने को मुक्त रखना चाहती हैं। वस्तुतः एक प्रवाहात्मक साहित्यिक शैली का अनुसरण करने की कोशिश कई साहित्यिक पत्रिकाओं में दिखाई पड़ती है। संपादक को इस दृष्टि से अपना काम जारी रखना पड़ता है। कई साहित्यिक पत्रिकाओं की अपनी एक शैली होती है जिसको वे बदलना नहीं चाहते हैं। विविध पत्रिकाओं में प्रकाशित भाषा की शैली का अंतर यहाँ द्रष्टव्य है।

'समीक्षा' की भाषा-शैली

"राहुल सांकृत्यायन अभिजन संस्कृति के विरुद्ध लोक संस्कृति और राजतंत्र के विरुद्ध गणतंत्र के पक्षधर लेखक थे। यह सब उनकी भाँति समाविष्ट है। लेखक का मत है कि बाईसवीं ादी, दो शताब्दी बाद के भारतीय समाज की परिकल्पना युटोपिया के रूप से लिखा गया उपन्यास है। राहुल ने इसकी मूल कल्पना 1998 ई. में की थी।"[13]

'भाषा' की भाषा-शैली

"इसी पृष्ठभूमि में नवें दशक का श्रीगणेश हुआ। अंतर्राष्ट्रीय स्तर पर बहुत सारे बदलाव आ रहे थे। व्यक्तिगत और सामाजिक मानवीय संबंधों तथा मूल्यों में तेजी से परिवर्तन हो रहे थे। सरोकार बदल रहे थे। सत्ता के भ्रष्टाचारों, रूप और व्यवस्था के क्रूर, अमानवीय चरित्र का बहुरूपी उद्घाटन इन नाटकों में किया गया। इस दशक के नाटकों में पिछले दो दशकों की प्रमुख प्रवृत्तियों का विस्तार तो हुआ ही। कुछ नयी प्रवृत्तियों के संकेत भी दिखाई दिए। प्रत्येक स्तर पर प्रयोगधर्मिता की ललक और नएपन की तलाश इस दशक की प्रमुख विशेषता है।"[14]

'आजकल' की भाषा-शैली

"विस्मृत का भय और परंपरा को जीवित रखने की आकाँक्षा–ये दो ऐसे बुनियादी जज़्बे हैं जो मनुष्य के जीवन गत कार्य व्यापार के ही नहीं, बल्कि मनुष्य के तमाम सांस्कृतिक क्रियाकलाप के भी मूल में बने रहते हैं।"[15]

व्यावसायिक पत्रिकाओं की तुलना साहित्यिक पत्रिकाओं से करेंगे तो इन दोनों में काफी अंतर दिखाई पड़ने लगेगा। समकालीन साहित्यिक पत्रिकाएँ सर्कुलेशन की कमी के कारण कभी भी व्यावसायिक पत्रिकाओं का सामना नहीं कर सकेंगी। छायांकन, रंग सज्जा, कंप्यूटर ग्रॉफिक्स, इंटरनेट आदि का स्वप्न भी नहीं देख सकते, इस कारण उनका ढाँचा और रूप सज्जा पुरानी पड़ने लगती है। यह एक समकालीन सत्य है।

समकालीन युगीन साहित्यिक पत्रिकाओं को मशीनीकरण, विशेषीकरण, उपयोगितावाद आदि का शिकार होना पड़ता है इसलिए उन पत्रिकाओं का संपादन कार्य पूर्व युगीन पत्रिकाओं से कई प्रकार से भिन्न हो जाता है। फिलहाल लेखन में आया हुआ परिवर्तन तथा व्यावसायिक होड़ के कारण संपादन में आया हुआ परिवर्तन आदि उल्लेखनीय भिन्नता है। यदि संपादक अस्तित्व की संघर्षरत मानसिकता की ओर उन्मुख नहीं होंगे तो अवश्य ही वैसी पत्रिकाओं को घुटनों के बल पर रेंगना पड़ेगा। इसलिए संपादन कार्य में निरंतर परिवर्तन होना आवश्यक है।

प्रत्येक संपादक पत्र में प्रकाशित विविध विषयक रचनाओं का परिवर्धन, संशोधन और संपादन करते समय सच्चे और निपुण मित्र की भाँति रचनाकार को समझा-बुझाकर उसकी उपलब्धियों में परिवर्तन ला सकता है। आजकल मासिक पत्रों के अनेक संपादक सुप्रसिद्ध लेखकों के साथ रचनात्मक अनुबन्ध कर लेते हैं जिससे लेखकों को आर्थिक सुविधा मिलती है और उनकी प्रतिभा से साहित्य का नव निर्माण होता है। ऐसी सुविधा उन्हीं संपादकों को मिलती है जो अधिक पारिश्रमिक देने के लिए तैयार हैं। फिर भी योग्य और अनुभवी संपादक पैसों के अभाव में नये लेखकों को प्रेरणा देकर उत्साहित कर सकते हैं। और वे साहित्य की विभिन्न विधाओं पर नये और ताज़ा लेखों की खोज भी कर सकते हैं।

साहित्यिक पत्रिकाओं की संपादक के समक्ष एक और चुनौती है। उनके सामने प्राप्त रचनात्मक सामग्री की पूर्णता की जाँच एवं उसके पश्चात् उसे स्वीकारना या अस्वीकारना यह संपादक की अपनी स्वतंत्रता एवं व्यक्तित्व पर निर्भर है। संपादक को बहुत-सी ऐसी रचनाएँ मिलती हैं जिनका केवल कुछ ही अंश पत्रिका के उपयोगी हो सकता है। ऐसे लेखकों को अपनी संपादन नीति से परिचित कराकर उनकी रचना में से अभीष्ट सामग्री की रचना करवाकर संपादक को संतोष हो सकता है। सैकड़ों नए लेखकों और

साहित्यकारों को ऐसे ही पारखी संपादकों ने अपने अथक परिश्रम से क्रमशः साहित्य के क्षेत्र में प्रतिष्ठित किया है। अनेक प्रख्यात मासिक पत्रों में लिखना प्रारंभ करके अनेक लेखकों का कृतित्व और व्यक्तित्व साहित्य जगत में प्रतिष्ठित हुआ है। इस प्रकार मासिक पत्रिका योग्य संपादक साहित्यकार के व्यक्तित्व का प्रेरक और निर्माता होता है। यह प्रथा 'सरस्वती' से ही चलती आ रही है।

संपादन के परिवर्तित दिशाबोध के अंतर्गत एक महत्वपूर्ण बात रचनाओं के क्रम निर्धारण की है। विविध स्तंभ के नाम पर व्यर्थ की खानापूरी करने की अपेक्षा रचनात्मक कृतित्व को नियोजित करना ही अधिक सार्थक होता है। प्रत्येक लेख का मूल्यांकन कर लेने के बाद संपादक अपनी नीति के अनुसार उनके क्रम का निर्धारण करता है।

हिन्दी की साहित्यिक पत्रिकाओं की एक सीमाबद्धता यह है कि यह सामग्री भाषा की दृष्टि से लेखकों और शोध छात्रों के उपयोग की ही ठहरती है। इसलिए यह सभी पाठकों के लिए प्रिय नहीं हो पाती। यदि पत्रिकाओं के संपादक इस बात की ओर ज़रा भी ध्यान दें और पत्रिकाओं में इस प्रकार की सामग्री छापें कि वे अन्य पाठकों को भी प्रिय हो तभी स्थिति कुछ और बदल सकती है।

संक्षेप में संपादन में परिलक्षित परिवर्तन कोई अप्रत्याशित घटना नहीं है क्योंकि पत्रकारिता मिशन के स्थान पर आज व्यवसाय बनती जा रही है। इसका थोड़ा बहुत प्रभाव साहित्यिक पत्रिकाओं पर एवं उसके संपादन कार्य पर पड़ना सहज और स्वाभाविक मात्र है। साहित्यिक पत्रिकाओं का अपने साहित्यिक-सांस्कृतिक लक्ष्य का निर्वाह करने में कठिनाई अनुभव होना एक प्रकार से युग सापेक्षता ही है। ये पत्रिकाएँ साहित्यिक मूल्यों के प्रति प्रतिबद्ध होने के साथ व्यापक सामाजिक संदर्भों में मानवीय सरोकार से जुड़ी होती हैं। साहित्यिक चेतना का विकास, जनरुचि का परिष्कार और पाठकीय चेतना को समृद्ध करना पत्रिकाओं का उद्देश्य होना चाहिए।

साहित्य और समाज दोनों के प्रति अपनी जिम्मेदारी निभाने के कारण साहित्यिक पत्रिका सामाजिक और साहित्यिक दोनों प्रकार की जिम्मेदारियों के बीच अपेक्षित संतुलन की मांग करती है जिसके अभाव में वह पूर्ण नहीं बन पाती। हिन्दी की साहित्य पत्रिका पर तो आज एक दायित्व और है कि वह भाषा और साहित्य के स्तर पर राष्ट्रभाषा के रूप में हिन्दी के विकास के लिए सतत जागरूक और सक्रिय रहे। सो कहा जा सकता है कि उसके व्यापक लक्ष्यों में साहित्य और समाज की चिंताएँ, मूल्यों की स्थापना, मानवीय संवेदना की रक्षा, भाषा का विकास, भावात्मक एकता का संवर्धन और मनुष्य का निर्माण जैसे महत्वपूर्ण विषय आ जाते हैं। साहित्य के लक्ष्य के अनुरूप वह मनुष्य के अंतर्जगत का विकास कर समाज के विकास का मार्ग प्रशस्त कर सकती है। इस रूप में उसका कार्य अन्य पत्रिकाओं की अपेक्षा गंभीर और दुष्कर है। साहित्य और समाज

की सेवा का लक्ष्य लेकर चलने के कारण उसके संपादक की भूमिका निष्ठा, संघर्ष, त्याग और संकल्प की है।

शुद्ध साहित्यिक पत्रिकाओं का असली संकट अर्थ एवं वैचारिकता के साथ अभिव्यक्ति का भी होता है। जार्ज बर्नार्ड शा ने एक बार ऐसा कहा है : 'बेस्ट ऑफ जर्नल्स दि वर्स्ट ऑफ लिटरेचर'—ये बात आज भी सार्थक ही है। पत्रिकाओं के स्तर को ऊपर उठाने की कोशिश में किये जाने वाले प्रयास कभी पूरी तरह से सफल नहीं हो सकते क्योंकि स्तर को ऊपर उठाने की कोशिश के साथ-साथ पाठकों के बनाये रखने का प्रयास भी जोखिम का होता है। वस्तुतः सामयिक युग में संपादन और पत्रिका की नीति में परिवर्तन, विषय की दृष्टि में आनेवाला नयापन, प्रस्तुति की मन मोहकता और प्रचार-प्रसार के तंत्र आदि कुछ ऐसे मुद्दे हैं जिनको अनदेखा नहीं किया जा सकता।

संदर्भ

1. हिन्दी साहित्य बंगीय भूमिका, पृ. 106
2. मध्य प्रदेश में पत्रकारिता का इतिहास, सं. विजय दत्त श्रीधर, पृ. 63
3. पत्रकारिता का इतिहास एवं जनसंचार माध्यम, संजीव भानावत, पृ. 127
4. वही, पृ. 27
5. हिन्दी साहित्य पिछला दशक, सं. विश्वनाथ, पृ. 170
6. आजकल, जुलाई 1991, पृ. 5
7. भाषा, जुलाई-अगस्त 1992, पृ. 17
8. समीक्षा, संपादकीय अंक, जुलाई 1998, पृ. 12
9. भाषा, जुलाई-अगस्त 1992, पृ. 9
10. वही, पृ. 10
11. हिन्दी साहित्य का बृहत् इतिहास, पृ. 289
12. भाषा, जुलाई-अगस्त 1992, पृ. 20
13. समीक्षा, अप्रैल-जून 1997, पृ. 11
14. भाषा, जनवरी-फरवरी 1992, पृ. 14
15. आजकल, जुलाई 1997, पृ. 6

दूसरा अध्याय

द्विवेदी युग में साहित्यिक पत्रकारिता का स्वरूप

भारतीय दृष्टि से आरंभिक दो दशक तेजस्वी पत्रकारिता का युग है। हिन्दी पत्रकारिता का पर्याप्त मात्रा में विकास और प्रगति भी इसी काल में ही हुई है। उन्नीसवीं शताब्दी उत्तरार्ध काल–भारतेन्दु युग से ही हिन्दी पत्रकारिता का दूसरा दौर शुरू होता है। इस युग को हिन्दी गद्य निर्माण का युग भी माना जाता है। हिन्दी की अनेक महत्वपूर्ण पत्रिकाओं का प्रकाशन भी इस युग की देन है। कविवचन सुधा, हरिश्चन्द्र मेगजीन, हरिश्चन्द्र चन्द्रिका, हिन्दी प्रदीप, ब्राह्मण, सार सुधानिधि, और उचित वक्ता का विशेष महत्वपूर्ण अवदान है।

साहित्य और राजनीति को प्रमुखता देते हुए विविध विषयक लेख इन पत्रिकाओं में प्रकाशित होते थे। सबसे प्रमुख बात इनकी सरल भाषा और मनोरंजक शैली है। वे जनता के हित का नारा बुलंद रखते हुए वास्तविक जन साहित्य की सृष्टि करने में लगे हुए थे। इन सारी पत्रिकाओं के जरिये संपादकगण एवं लेखकगण भाषिक मुद्दे पर भी जोर देने का प्रयास करते रहे। बाद की पत्रिकाओं की भाषा ही नहीं बल्कि हिन्दी साहित्य के विकास में गद्य और पद्य दोनों विधाओं में भाषा का परिमार्जन का श्रीगणेश भी इसी काल की पत्रिकाओं के माध्यम से होता रहा है। इस संदर्भ में तत्कालीन भाषा की आलोचना करना अप्रासंगिक नहीं होगा।

हिन्दी भाषा के रूप को स्थिर और परिमार्जित करने तथा देश के जागरण और सुधार तथा राष्ट्रीय भावनाओं के प्रचार-प्रसार में भारतेन्दु युगीन पत्रिकाओं की महत्वपूर्ण भूमिका रही है। भाषा में एक विशेष निखार तथा लालित्य का दर्शन युगीन पत्रिकाओं में प्राप्त है। परिमार्जित और प्रभावी भाषा-शैली के लिए विख्यात युगीन पत्रिकाएँ थीं–कविवचन सुधा और हरिश्चन्द्र चंद्रिका। इन दोनों पत्रिकाओं के प्रकाशन के बाद ही सन् अठारह सौ तिहत्तर ई. में भारतेन्दु ने कालचक्र शीर्षक अपनी पुस्तक में यों लिखा था : "हिन्दी नयी चाल में ढलने लगी"; अर्थात् आपने नयी सुधरी हिन्दी का उदय इसी समय से माना है। भाषा की प्रांजलता और सुस्पष्टता की ओर ध्यान देकर प्रकाशित होनेवाली और भी

अनेक पत्रिकाएँ–जैसे 'सार सुधानिधि', 'ब्राह्मण', 'भारत मित्र', 'आनंद कादंबिनी' आदि हैं। इन पत्रिकाओं में उस काल के उदाहरण द्रष्टव्य हैं।

'सार सुधानिधि' में सामयिक भाषिक दृष्टि पर संपादक ने लिखा है : "जैसी अवस्था हिन्दी भाषा की है इस पर ऐसी आशा नहीं होती है कि लोग शौक से हिन्दी भाषा के अनुरागी होकर हिन्दी पत्रों को सहायता की दृष्टि से लिया करें और यथा संभव दाम दिया करें कि जिसमें पत्र संपादकों को केवल देशोपकार की चिंता ही रहे दूसरी चिंता न रहे।"[1]

भारतेन्दु युगीन पत्रिकाओं में भाषा ज्ञान प्रदर्शन का अस्पष्ट दम पूर्ण साधन मात्र न रह कर भावों एवं विचारों की संवेदनशील अभिव्यक्ति का माध्यम रहा। यह नैसर्गिक भाषा शास्त्रीय दृष्टि भारतेन्दु के भाषा सिद्धांत के मूल में है। भारतेन्दु ने अपने देशवासियों से साफ भाषा में कहा था : "जिसमें तुम्हारी भलाई हो वैसी ही किताब पढ़ो वैसी ही खेल खेलो वैसी ही बातचीत करो, परदेशी वस्तु और परदेशी भाषा का भरोसा मत रखो। अपने देश में अपनी भाषा में उन्नति करो।"[2]

कविवचन सुधा इस युग की एक सर्वांग पत्रिका थी, जो पत्रकारिता के स्वरूप को हिन्दी पाठकों के समक्ष प्रस्तुत किया और हिन्दी भाषा के रूप को स्थिर और परिमार्जित करने तथा देश में जागरण सुधार की भावना के प्रचार में महत्वपूर्ण योग भी दिया। भारतेन्दु की एक अन्य पत्रिका 'हरिश्चन्द्र चंद्रिका' की भाषा में एक विशेष लालित्य की झलक नजर आती है। उसकी परिमार्जित और प्रभावी भाषा एवं शैली को देखकर आचार्य रामचंद्र शुक्ल ने यों लिखा है : "हिन्दी गद्य का ठीक परिष्कृत रूप पहले पहल इसी चंद्रिका से प्रकट हुआ। जिस प्यारी हिन्दी को देश ने अपनी विभूति समझा, जिसको जनता ने उत्कंठापूर्वक दौड़कर अपनाया उसका दर्शन इसी पत्रिका में हुआ।"[3] इस एकरूपता के लिए बाबू बालमुकुन्द गुप्त जी ने कड़ी मेहनत की थी। भाषा विकास की दृष्टि से गुप्त जी ने युगांतकारी कार्य किया। भाषा के परिष्कार और परिमार्जन के क्षेत्र में 'भारत मित्र' ने अपनी उदारवादी तथा प्रगतिशील दृष्टि के कारण उल्लेखनीय सफलताएँ प्राप्त की हैं। भाषा की परिनिष्ठता तथा आमजन के प्रति समर्पण भाव 'भारत मित्र' पत्रिका का मुख्य तेवर था। संक्षेप में कहा जा सकता है कि इन सारे प्रयासों के बावजूद भी भारतेन्दु कालीन पत्र-पत्रिकाओं में जिस भाषा का प्रयोग होता रहा वह आज की हिन्दी के परिनिष्ठित रूप से काफी दूर रहा क्योंकि ब्रज भाषा से खड़ी बोली की ओर परिवर्तित होने का वह संक्रमण काल था। वस्तुतः उस समय हिन्दी का कोई विशेष रूप और शैली उभर नहीं पा रही थी। अतः हम यह कह सकते हैं कि उस काल की पत्र-पत्रिकाएँ भाषा की शैशव की स्थिति का ही परिचय देती हैं।

परिनिष्ठित भाषा का स्वरूप : सरस्वती के संदर्भ में

द्विवेदी युगीन काल में भाषा के क्षेत्र में व्यावहारिक तौर पर परिनिष्ठित रूप को लाने का प्रयास जारी रहा। पत्रिकाओं की रचनाओं में, भाषा में, सुधार लाने का प्रयास सशक्त रूप में प्रवृत्तमान होने लगा और इसका श्रेय आचार्य महावीर प्रसाद द्विवेदी को ही है। यह भारतीय राष्ट्रवादी आंदोलन का युग था। विभिन्न समस्याओं से संकुल ऐसे समय में आचार्य महावीर प्रसाद द्विवेदी को ही है। यह भारतीय राष्ट्रवादी आंदोलन का युग था। विभिन्न समस्याओं से संकुल ऐसे समय में आचार्य महावीर प्रसाद द्विवेदी के रूप में हिन्दी को एक ऐसा पथ प्रदर्शक मिला जिन्होंने हिन्दी भाषा और साहित्य से संबंधित समस्याओं का निराकरण करने में ऐतिहासिक योग प्रदान किया।

सुव्यवस्था, प्रांजलता, परिमार्जन और शुद्धता का अभाव जो भारतेन्दु कालीन भाषा की प्रमुख कमियाँ थीं, इस ओर सबसे पहले आचार्य द्विवेदी का ध्यान गया। शायद इसलिए ही सन् 1903 ई. में साहित्यिक पत्रकारिता के इस दौर की प्रथम पत्रिका 'सरस्वती' के संपादन कार्य आचार्य द्विवेदी जी ने ग्रहण किया था। यह पत्रिका काशी नागरी प्रचारिणी सभा की प्रेरणा से इंडियन प्रेस द्वारा प्रकाशित होती रही। 'सरस्वती' उस युग के नवीन लेखकों की एकमात्र पथ-प्रदर्शिका बन गयी थी। सन् 1903 में जब से पं. महावीर प्रसाद द्विवेदी इसके संपादक बने तो 'सरस्वती' में धर्म, भाषा, कला, संस्कृति आदि के क्षेत्र में विशेष लेख प्रकाशित होते रहे।

हिन्दी के मानकीकरण की दिशा में द्विवेदी जी की विशेष दृष्टि रही। 'अनस्थिरता' आदि शब्दों को लेकर 'सरस्वती' तथा 'भारतमित्र' के विवाद भाषा के विकास के लिए विशेष सहयोगी रहे तथा बाद में ऐतिहासिक महत्व के हो गये। 'सरस्वती' इस उल्लेखनीय भूमिका के कारण अपने वास्तविक अर्थों में युगीन पत्रकारिता की सरस्वती सिद्ध हुई। बाद में प्रकाशित अनेकानेक पत्रिकाओं के लिए यह आदर्श बनी रही।

सरस्वती के प्रथम अंक में प्रकाशित इसके उद्देश्य में कहा गया था–"परम कारुणिक सर्वशक्तिमान जगदीश्वर की अशेष अनुकंपा से ही अनुपम अवसर आकर प्राप्त हुआ है कि आज हम लोग हिन्दी भाषा के रसिक जनों की सेवा में नये उत्साह से उत्साहित होकर एक नवीन उपहार लेकर उपस्थित हुए हैं जिसका नाम सरस्वती है।"[4] हिन्दी साहित्य तथा हिन्दी भाषा के विकास में 'सरस्वती' की विशिष्ट भूमिका रही है, इस पत्रिका में रचनाएँ छपवाने के लिए प्रायः सभी लेखक उत्सुक थे। यह हिन्दी नवजागरण का मुखपत्र था और हिन्दी भाषी जनता की सर्वमान्य जातीय पत्रिका थी। यह कलात्मक साहित्य की पत्रिका थी, ऐसे साहित्य रीतिवादी रूढ़ियों का नाश करके नवीन सामाजिक, सांस्कृतिक आवश्यकताओं के अनुरूप रचा जा रहा था। इसलिए उसने हिन्दी साहित्य में और उसके

बाहर, व्यापक स्तर पर भारतीय साहित्य में प्रतिष्ठा प्राप्त की; जो बीसवी शती में अन्य किसी पत्रिका को प्राप्त न हुआ।

द्विवेदी युगीन सांस्कृतिक नवोत्थान में 'सरस्वती' का योगदान महत्वपूर्ण है। इस पत्रिका में प्रकाशित लेखों से तत्कालीन आर्थिक, राजनीतिक तथा सामाजिक परिस्थितियों पर अच्छा प्रकाश पड़ता है। यह भाषा और शैली के परिष्कार और समृद्धि का युग था। खड़ीबोली, गद्य और पद्य दोनों का माध्यम बनीं। गद्य की नवीन विधाएँ परिवर्तित परिस्थितियों का प्रभाव ग्रहण कर आगे बढ़ती रहीं। इन परिस्थितियों ने गद्य और पद्य दोनों को समान रूप से प्रभावित किया।

महावीर प्रसाद द्विवेदी जी के सामने उस समय हिन्दी भाषा से, और साहित्य से संबंधित अनेक समस्याएँ थीं। दो समस्याओं को उन्होंने प्रमुखता दी है, वे क्रमशः यों हैं—भाषा की अराजकता और व्याकरण की समस्या।

भाषा की अराजकता

खड़ी बोली अब अपने शैशव को पार कर किशोरावस्था में प्रवेश कर रही थी, इसलिए उसका शब्द भंडार सीमित था। हिन्दी वाले शब्द भंडार के लिए प्रायः संस्कृत की ओर ही देखा करते थे। साथ ही साथ उस समय हन्दी पर भारत के विभिन्न प्रदेशों में बोली जाने वाली बंगला, उर्दू, मराठी, गुजराती, अवधी, भोजपुरी, ब्रज, बुदेलखंडी आदि देशी भाषा विभाषाओं के शब्दों का भी प्रभाव पड़ रहा था। इन भाषा विभाषाओं के शब्दों के प्रयोग से एक तरफ हिन्दी के शब्द भंडार में वृद्धि हुई लेकिन दूसरी तरफ उसमें अव्यवस्था का और अधिक समावेश होने लगा। हिन्दी की विभाषाओं की शब्दों के कारण उसमें कुछ लोगों की दृष्टि में गँवारूपन की भी बू आने लगी।

द्विवेदी जी का ध्यान इस तथाकथित अशुभ पक्ष की ओर अधिक गया और उन्होंने विशुद्ध भाषा लिखने लिखाने का आंदोलन आरंभ कर दिया। भाषा परिष्कार के कार्य में बाबू बालमुकुन्द गुप्त ने भी महत्वपूर्ण योग दिया था। कुछ शब्दों के रूप और अनेक प्रयोगों को लेकर उनके और द्विवेदी जी के बीच एक 'लंबा' विवाद चलता रहा था। ऐसे विवादों ने हिन्दी के नये लेखकों को सावधान कर दिया। अब वे बहुत सोच विचार कर शुद्ध भाषा लिखने का प्रयत्न करने लगे। इस प्रयत्न का यह परिणाम निकला कि हिन्दी अपनी विभाषाओं और बोलियों के शब्द भंडार से वंचित होने लगी। उसमें नागरिक संस्कार प्रश्रय पाने और पनपने लगा।

व्याकरण की समस्या

अभी तक हिन्दी भाषा का कोई अच्छा व्याकरण नहीं बन पाया था। बिना व्याकरण के

भाषा में शुद्धता और एकरूपता लाना दुष्कर कार्य था। नए लेखक अपने उत्साह से यह बिलकुल भूल जाते थे कि भाषा में व्याकरण का भी कोई महत्व या स्थान है। वे मनमाने ढंग से लिखते रहे। द्विवेदी जी ने इस प्रकृति का विरोध करते हुए स्वयं लेख लिखकर एक ओर तो शुद्ध खड़ी बोली गद्य का रूप प्रस्तुत करने का प्रयत्न किया और दूसरी ओर भाषा मर्मज्ञों को हिन्दी का एक सुव्यवस्थित वैज्ञानिक व्याकरण बनाने की प्रेरणा दी। पंडित कामता प्रसाद गुरु ने हिन्दी का पहला प्रामाणिक व्याकरण द्विवेदी जी के कहने से ही लिखा था।

इस प्रकार द्विवेदी जी ने तो हिन्दी के अव्यवस्थित रूप को व्यवस्थित कर उस उज्ज्वल भविष्य की नींव डाली, जिसके हम अधिकारी और भोक्ता हैं। आचार्य नंददुलारे वाजपेयी ने द्विवेदी जी के इस प्रभावशाली व्यक्तित्व और कृतित्व की प्रशंसा करते हुए लिखा है–"नए विचार और नयी भाषा नया शरीर और नयी पोशाक; दोनों ही नयी हिन्दी को द्विवेदी जी की देन है।"

इसी कारण वे नयी हिन्दी के प्रथम और युग प्रवर्तक आचार्य माने जाते हैं। द्विवेदी जी और उनके साथियों का महत्व नव निर्माण के लिए प्रचुर और अनेक मुख सामग्री भेंट करने में है। द्विवेदी जी के प्रयत्नों से जहाँ-जहाँ हिन्दी के रूप में परिमार्जन, गांभीर्य, गूढ़ अभिव्यक्ति क्षमता आदि की वृद्धि हुई, बोलचाल की भाषा से साहित्य की भाषा में परिणत होने लगा। भारतेन्दु कालीन साहित्य में उसका यह गुण और विशेषता सुरक्षित रही है। दूसरे शब्दों में द्विवेदी जी के समय में परिष्कार और परिमार्जन के अत्यधिक मोह के कारण साहित्यिक हिन्दी जन भाषा से दूर हो गई और वह आभिजात्य वर्ग (उच्चवर्ग) की भाषा का रूप धारण करने लगी। इसका कारण बोलियों के बहु प्रचलित शब्दों का बहिष्कार और उनके स्थान पर संस्कृत के क्लिष्ट शब्दों को ग्रहण करने की प्रवृत्ति थी। हिन्दी आवश्यकता से अधिक संस्कृत गर्भित हो गई। इससे उसके सहज विकास में बाधा पड़ी। वह जन साधारण की भाषा न रहकर मात्र शिक्षित समाज की भाषा बनने लगी। इस परिवर्तन ने हिन्दी भाषा की सहज, सशक्त, जीवन्त प्राणशक्ति को धूमिल कर दिया, उसे बंधनों में जकड़ दिया, जिससे उसके स्वभाविक रूप और सहज ग्रहणशीलता का पर्याप्त ह्रास होना आरंभ हो गया।

लेखन की दृष्टि : पत्रिकाओं में

तथ्य और सत्य के माध्यम से लेखकीय यथार्थ और युगीन यथार्थ को स्पष्ट किया जा सकता है। युग चेतना और सामयिक परिस्थितियों से लेखक तटस्थ नहीं रह सकता– चाहे वह किसी भी प्रकार का साहित्य सृजन क्यों न करता हो पर इस बात को ध्यान में रखना चाहिए कि यथार्थ को लेखक वास्तविक रूप में देखता है और भोगता हुआ अपनी

संवेदनाओं के अनुसार अभिव्यक्त करता है। लेखकीय संवेदना को समझने का सबसे बड़ा साधन लेखक की परिस्थिति तथा उसकी रचना होती है। जो लेखक तत्कालीन परिस्थितियों से समझौता नहीं कर पाता है, वह सामाजिक मान्यताओं के सभी पक्षों से निजी मान्यताओं का समन्वय भी एकदम नहीं कर सकता। वह युग चेतना को अपनी संवेदना के स्तर पर स्वीकार करके अपनी मान्यताओं को युगीन यथार्थ से प्राप्त चेतना के अनुरूप परिवर्तित कर लेता है।

उपर्युक्त बातें सामान्य लेखन में जुड़ी हुई हैं। लेकिन पत्रिकाओं से जिस प्रकार की सामग्री पाठकों को प्राप्त होती है, उसकी रचनात्मकता कुछ हद तक भिन्न होती है। पत्रिकाओं में लिखी गई बातों में सूचना तत्वों के साथ सूचनाओं का विश्लेषण और उनके आधार पर दिये गये विचार भी शामिल होते हैं। यहाँ सूचना का संबंध प्रत्येक पत्रिकाओं के माध्यम से प्रकाशित सामग्री से है। पत्रिकाओं में बुनियादी बात सूचना होती है। लेकिन इसमें विचार, विश्लेषण और मनोरंजन का समन्वय भी होना चाहिए। पत्रिकाओं में वही लेखक सफल होते हैं जो विषय की पूरी पृष्ठभूमि से अवगत होते हैं।

जहाँ तक द्विवेदी युगीन पत्रिकाओं का सवाल है इन पत्रिकाओं में, खास कर इनकी लेखन की दृष्टि में, बहुत बड़ा परिवर्तन द्रष्टव्य है। पूर्ववर्ती पत्रिकाओं से हटकर परिचयात्मक, सुधारवादी एवं शोधात्मक लेखन की तीन शैलियाँ द्विवेदी युगीन पत्रिकाओं में नज़र आने लगीं।

परिचयात्मक शैली

द्विवेदी युगीन काल के परिचयात्मक शैली के अंतर्गत आने वाले वाक्य छोटे और भाषा व्यावहारिक होती है। इस शैली की शुरुआत आचार्य महावीर प्रसाद द्विवेदी से ही समारंभ होने लगी। वे नए-नए विषयों पर लिखने और लिखवाने लगे। इसके अलावा एक शिक्षक की भाँति कई बार उन विषयों को दुहराने का प्रयास भी जारी रखा, ताकि पाठकों की समझ में वह सामग्री भली प्रकार से पच सके। इस प्रकार परिचयात्मक लेखों की एक परंपरा ही 'सरस्वती' और उससे आगे की पत्रिकाओं में छपने लगी। उदाहरणार्थ सरस्वती में प्रकाशित एक लेख के कुछ वाक्यांश प्रस्तुत करना संगत होगा।

"मनुष्यों में बढ़ने की इच्छा स्वाभाविक है। कोई मनुष्य न तो अपनी वर्तमान दशा से नीचे जाना चाहता है और न इस पर स्थिर रहना चाहता है। प्रत्येक मनुष्य की सदा यही इच्छा रहती है कि मैं उत्तरोत्तर आगे ही बढ़ता जाऊँ।"[5]

इस शैली को अपनाते हुए अनेक लेखकों को 'सरस्वती' में लिखवाने का प्रयास भी द्विवेदी जी ने ही किया। अनेक लेखकों की पहली रचना इन्हीं की कृपा से छपने लगी थी। रामनरेश त्रिपाठी ने अपनी कविता का 'सरस्वती' में छपने का अनुभव बताते हुए लिखा है : "जहाँ तक, मुझे याद है मेरी पहली कविता 'हिन्दुओं की हीनता', 'सरस्वती' में ही

छपी थी। द्विवेदी जी ने उसमें शब्दों का कुछ हेरफेर करके और दो एक शब्द घटा-बढ़ा करके उसे छाप दिया।"[6]

परिचयात्मक का एक दूसरा उद्देश्य पुस्तक समीक्षा का परिचय देना भी था। सरस्वती के नवंबर, उन्नीस सौ तेरह के अंक में छपी 'अनुभवानंद' जुलाई, उन्नीस सौ पंद्रह के अंक में छपी 'कुमार पाल चरित' इस प्रकार की पुस्तक समीक्षा की गवाही देते हैं।

सुधारवादी शैली

हिन्दी भाषा के प्रचलित दोषों को दूर करने के लिए लिखे गए लेखों में सुधारवादी शैली के दर्शन होते हैं। इन लेखों में भाषा की ओजपूर्णता और गंभीरता ही प्रमुख एवं ध्यातव्य बात रही है। इस प्रकार के लेखन को उक्त शैली से भी अधिक प्रखरता मिलने लगी। इस शैली के कारण ही हिन्दी पत्रिकाओं के लेखन में एक प्रभावी गद्य शैली का विकास हुआ। इस दृष्टि से प्रथम दो दशक ने अत्यंत महत्वपूर्ण भूमिका अदा की। इन दोनों अंगों में सुधार से ही गद्य शैली पनपने लगी जिससे अधिकाधिक प्रभावोत्पादक लेखों का प्रकाशन पत्रिकाओं के द्वारा होने लगा। द्विवेदी जी के 'सरस्वती' के संपादकत्व का भार ग्रहण करने से पहले सन् 1900 से 1903 तक पत्रिकाओं में एक प्रकार की मिश्रित हिन्दी का प्रयोग प्राप्त होता है। लेकिन द्विवेदी ने जब से कार्यभार सँभाला तब से शैलीगत परिवर्तन की दिशाएँ स्पष्ट होने लगीं।

The Rise and growth of Hindi Journalism में इस प्रकार बताया गया है : "Mahabir Prasad Dwivedi worked hard to evolve working styles for a number of topics and he succeeded. So well that his discoveries were widely accepted. Saraswati, Madhuri, Prabha and Indu contain full history of the development of Hindi Prose Styles"[7]

महावीर प्रसाद द्विवेदी ने हिन्दी गद्य के इन पक्षों को उभारकर रखना चाहा जो संस्कृतनिष्ठ थी, और जिसमें साहित्यिक विषयों के प्रतिपादन की क्षमता भी मौजूद थी। उर्दू, फारसी, और अंग्रेज़ी, अरबी के शब्दों को जान बूझकर उन्होंने शैली से बाहर रखा। इसका परिणाम यह हुआ कि भाषा अधिक संस्कृत शब्दोन्मुख हुई और अपना एक नया रूप स्वीकारने लगी। साधारण लोगों के लिए कभी-कभी यह दुर्ग्राह्य होती गई फिर भी शिक्षित लोगों पर इस सुधारवादी शैली का प्रभाव पड़ने लगा। द्विवेदी जी की अपनी शैली की लेखनी का अंश—"मेरे लघु लेखों और आलोचनाओं ही से सर्वसाधारण जन इस बात का पता लगा सकते हैं कि मैंने कहाँ एक न्याय मार्ग का अवलंबन किया है। जान बूझकर मैंने कभी अपनी आत्मा का हनन नहीं किया न किसी के प्रसाद की प्राप्ति की आकांक्षा की, न ही किसी के कोप से विचलित हुआ। इस प्रांत के कितने ही न्याय निष्ठ

सामाजिक सत्पुरुषों ने सरस्वती का जो बॉयकाट कर दिया था, वह मेरे किस अपराध का सूचक था, इसका निर्णय सुधी जन ही कर सकते हैं।"[8]

शोधात्मक शैली (आलोचनात्मक शैली)

गंभीर साहित्यिक विषयों के विवेचन में द्विवेदी जी ने शोधात्मक शैली को अपनाया है। इस शैली के दो रूप मिलते हैं—सरल शोधात्मक और गूढ़ शोधात्मक। सरल शोधात्मक शैली का उद्देश्य भाषा व भाव दोनों को ही सरलता से समझाने का रहा है, तथा इसमें वाक्य अपेक्षाकृत लंबे और भाषा कुछ पेचीली होती है। गूढ़ शोधात्मक शैली में साहित्यिक हिन्दी का प्रयोग किया गया है और इसका रूप उन लेखों से मिलता है, जिनका उद्देश्य जन साधारण को किसी गंभीर विषय को समझाना होता है। इस शैली का विकास अधिकतर सन् उन्नीस सौ दस के बाद ही दृष्टिगत होने लगता है। इस संदर्भ में The Rise and growth of Hindi Journalism में कही गई एक बात ध्यातव्य है : "The most important achievement of Dwivedi was his way of writing on serious topics. It was only after the first decade (1910) that suitable styles were seen to grow themselves out of the national style. Pandit Dwivedi used in his editorial and light articles on various topics"[9] उस समय साहित्यिक समालोचना (literary review) एवं शोधात्मक लेखों से भरे कॉलम सरस्वती, सुदर्शन आदि पत्रिकाओं में स्थान पाने लगे। इसके अलावा निबंध रचना के क्षेत्र में नूतन शैलियाँ भी इन्हीं पत्रिकाओं के प्रादुर्भाव के साथ ही उभर कर आयी हैं। उदाहरणार्थ—

"Saraswati and Sudarshan broke new grounds in essay writing. Sudarshan published essays on the festivals and Hindu shrines. But Saraswati was more important. It published informatory essays. Chiefly by Dwivedi who brought his wide reading and scientific knowledge to the essay writing literary essays as Kavita (R.C Shukla) and Psychological and meta physical essays on क्रोध, श्रद्धा, करुणा, ग्लानि etc."[10]

लंबे-लंबे वाक्यों का प्रयोग इस शैली की खासियत है। उदाहरण के लिए दो-चार पंक्तियाँ प्रस्तुत हैं : "एक क्रोधी ब्राह्मण विद्या साधन करने के लिए सब दिव्य महाविद्याओं को खींचता है और सब में स्त्री जानकर उनको बचाने गया हूँ तो वह मुझी से रुष्ट हो गया है और जब बड़े विनय से मैंने उसे मनाया है तो उसने मुझ से मेरा सारा राज्य माँगा है मैंने उसे प्रसन्न करने को सारा राज्य दे दिया।"[11]

इस तरह की शैलियाँ पूर्ववर्ती पत्रिकाओं में कहीं नज़र नहीं आती हैं। ऐसे नये

प्रयोगों के बावजूद भी लेखन में स्थूलता का प्रभाव अत्यधिक दिखाई पड़ता है। इसका मूल कारण द्विवेदी युगीन साहित्यिक प्रवृत्तियाँ हैं, जो सूक्ष्म से स्थूल की ओर अग्रसर होती हैं। अंततः लेखन में स्थूलता को मुख्य स्थान मिलने लगा। इसके अलावा साहित्य में राष्ट्रीयता, सामान्य मानवता, नीति और आदर्श विषय का क्षेत्र विस्तार, हास्य व्यंग्यात्मकता तथा भाषा परिवर्तन ने भी लेखन में स्थूलता को प्रश्रय देने का कार्य किया।

परिष्कार और परिमार्जन की सायास चेष्टा ने अनुभूति की सहज अभिव्यक्ति की संभावना को कम कर दिया था। वैसे लेखन में अनुभूति की सहज अभिव्यक्ति पत्रिकाओं की जीवंतता को कायम रखती है, जब इसका ह्रास होता है तब पत्रिकाएँ अपना दम तोड़ने लगती हैं। लेखन की आजादी पर भी उस समय कड़ी रोक लगाने का प्रयास श्री महावीर प्रसाद द्विवेदी ने किया था। ये भी पत्रिका के जीवन में बाधा उपस्थित करने वाला था।

उदाहरणार्थ–द्विवेदी जी के द्वारा मैथिलीशरण गुप्त को एक संदर्भ में लिखा हुआ पत्र प्रस्तुत है। "क्या आप क्रोध को आशीर्वाद दे रहे हैं जो आपने ऐसी क्रियाओं का प्रयोग किया? इसे हम अवश्य सरस्वती में छापेंगे परंतु आगे से आप 'सरस्वती' के लिए लिखना चाहें तो इधर-उधर अपनी कविताएँ छापने का विचार छोड़ दीजिए। जिस कविता को हम चाहें उसे छापेंगे जिसे न चाहें उसे न कहीं दूसरी जगह छपाइए न किसी को दिखाइये, नाले में बंद करके रखिए।"[12]

गुप्त जी जैसे कवियों पर तो इसका बुरा असर कम ही पड़ा है लेकिन लेखन की आजादी पर रोक लगाने वाले ऐसे पत्रों से दूसरे लेखकों का लेखन ही अवरुद्ध हो सकता था। भाषा को और अधिक समृद्धशालिनी बनाने के लिए किए गए प्रयास का उल्टा प्रभाव भी द्विवेदी युगीन पत्रिकाओं के लेखन में पड़ने लगा। जिससे भाषा की प्रयोगधर्मिता पर बा ा उत्पन्न होने लगी। वैसे तो महावीर प्रसाद द्विवेदी ने भाषा की नयी शैलियों को अपनाने क लिए लखकों को उकसाया और नए शब्दों तथा मुहावरों से संपन्न भाषा प्रयोग की बात कही जिससे कि हिन्दी की अभिव्यंजना शक्ति बढ़े और उसमें निखार आये।

दूसरी भाषाओं से शब्द लेने में संकोच न करने का समर्थन करते हुए कानपुर साहित्य सम्मेलन में भाषण के अवसर पर आचार्य द्विवेदी जी ने कहा था : "विदेशी भाव, शब्द और मुहावरे ग्रहण करने में केवल यह देखना चाहिए कि हिन्दी उन्हें पचा सकती है या नहीं, उनका प्रयोग खटकता तो नहीं, वे उसकी प्रकृति के प्रतिकूल तो नहीं, हिन्दी हिन्दी ही बनी है या नहीं। मकान, मालिक, नोट, नंबर आदि शब्द हिन्दी में खप गए हैं विदेशी नहीं रहे। हाँ खटकने वाले भावों या मुहावरों का प्रयोग करना ठीक नहीं। दृष्टि कोण (Angle of vision), लागू होना (To be applied), नंगी प्रकृति (Naked Nature) आदि के प्रयोग में हिन्दी की विशेषता को धक्का पहुँचता है।"[13]

रूढ़ियों की दासता के कारण भारतीय जनता आत्मकेन्द्रित होती गई और यही आत्म

केन्द्रीयता ही द्विवेदी युगीन पत्रिकाओं के केन्द्र में निहित रही और धीरे-धीरे इन पत्रिकाओं की लेखन की शैलियाँ रूढ़िग्रस्त होती गयीं। आर्थिक, राजनीतिक दासता, द्विवेदी युगीन इतिवृत्तात्मकता और स्थूलता ने इन पत्रिकाओं में प्रकाशित रूढ़ियों को स्थिर बना दिया।

फलस्वरूप पत्रिकाओं में प्रकाशित लेखों में एक प्रकार की जड़ता का आगमन होने लगा। वैसे उसके कई कारणों में एक कारण द्विवेदी की भाषा संबंधी कड़ी नीति और अनुशासन की प्रवृत्ति भी है। दूसरी पत्र-पत्रिकाएँ भी उनकी इस दृष्टि और प्रभाव से अपने को मुक्त नहीं कर पाये थे। युग की समूची पत्रिकाओं में नये युग बोध का कहीं भी दर्शन नहीं हो पाता। संक्षेप में द्विवेदी युग की पत्रिकाओं में प्रतिबिंबित लेखन की दृष्टि और शैली सूक्ष्म अभिव्यक्ति को नकारते हुए स्थूल और विवरणात्मक शैली का प्रश्रय लेती है। विकसित होने वाली भाषा का प्रारंभिक चरण इस शैली में प्रतिबिंबित होता है क्योंकि सूक्ष्म अभिव्यक्ति के लिए उपयुक्त शक्ति और क्षमता का विकास खड़ी बोली हिन्दी में अब भी आ नहीं पाया था। भाषा और शैली संघर्ष के पक्ष को अक्षुण्ण बनाये बिना सूक्ष्म स्थितियों का आलेखन असंभव था। वस्तुतः द्विवेदी युग की लेखन शैली हिन्दी की निजी आवश्यकताओं के अनुसार रूपायित हुई थी और इस तरह का होना अनिवार्य भी था।

उपदेशात्मकता : कथ्य में

समाज हितकारी रचनाओं के मूल में प्रायः उपदेशात्मकता निहित रहती है; द्विवेदी युगीन रचनाओं में उपदेशात्मकता को इस दृष्टि से बल प्राप्त होता है। इसके पूर्ववर्ती कालीन रचनाओं में आख्यानक शैली अत्यंत जोरों से प्रचलित रही है लेकिन द्विवेदी युग तक आते आते आख्यानक रचनाओं के साथ-साथ नीति परक एवं उपदेश प्रधान कविताओं एवं अन्य विधाओं की रचना बहुत अधिक मात्रा में होने लगी। युगीन रचनाएँ सांस्कृतिक पुनरुत्थान, उदार राष्ट्रीयता, जागरण सुधार एवं उच्चादर्शों की रचनाएँ हैं। युगीन पत्रिकाओं के द्वारा नये-नये काव्य विषयों और अपरिमार्जित भाषा को स्वीकार करने के कारण आरंभ के कुछ वर्षों तक प्रयोग की स्थिति बनी रही। सरस्वती, इन्दु और देवनागर आदि पत्रिकाओं में ऐसे उद्देश्यों से लिखी गई लघु पद्य कथाएँ भी छपकर आती थीं। मैथिलीशरण गुप्त जी की भारत भारती की दो-चार पंक्तियाँ यहाँ समीचीन नज़र आती हैं :

> "केवल मनोरंजन न कवि का कर्म होना चाहिए
> उसमें उचित उपदेश का भी मर्म होना चाहिए।
> क्यों आज 'रामचरित मानस' सब कहीं सामान्य है
> सत्काव्ययुत उसमें परम आदर्श का प्राधान्य है।"[14]

युगीन उपदेशात्मक प्रवृत्ति को साहित्य में प्रश्रय देने वालों में द्विवेदी युगीन कवियों का योगदान अत्यंत सराहनीय है। इन उपदेशात्मक रचनाओं को प्रस्तुत करने का सशक्त

माध्यम पत्रिकाएँ ही रही हैं। प्रायः सभी कवियों और रचनाकारों की रचनाओं को सभी पत्रिकाएँ विशेषकर सरस्वती, इंदु, माधुरी, नागरी प्रचारिणी पत्रिका आदि में प्रकाशित करती रही थीं। उपदेशात्मक रचनाओं से काव्य के क्षेत्र को संपन्न करने वाले कवियों में हरिऔध, मैथिलीशरण गुप्त, रामनरेश त्रिपाठी, लोचन प्रसाद पांडेय आदि प्रमुख हैं। इनकी कविताएँ बराबर उपर्युक्त सभी पत्रिकाओं में छपती रही थी।

अयोध्यासिंह उपाध्याय, किशोरीलाल गोस्वामी जैसे रचनाकार अपनी रचनाओं के जरिये देश की प्राचीनता के प्रति आस्था एवं पाठकों को मनोरंजन के नशे में डुबाना चाहते थे। हरिऔध जी की 'ठेठ हिन्दी का ठाठ' उपन्यास ही उदाहरणार्थ देख सकते है– यह उपन्यास पुस्तक रूप में प्रकाशित होने से पहले सरस्वती में धारावाहिक रूप में प्रकाशित होता रहा। इसमें देश की कुरीतियों, झूठे धार्मिक आडंबरों, खोखली पारस्परिक मान्यताओं पर एक व्यंग्य है साथ ही प्राचीनता के प्रति आस्था भी है। इस आस्था के मोह ने ही उन्नीसवीं शताब्दी की युवा पीढ़ी को दिग्भ्रांत कर दिया था।

ये उपदेशात्मकता आदि की सीमा को छूने लगी तो उस समय की नयी पीढ़ी की मनोवृत्ति साहित्य से हटकर मनोरंजन के प्रति अग्रसर होने लगी। परंतु द्विवेदी युग के प्रतिष्ठित लेखकों में से अधिकांश लोग इस मनोरंजन की प्रवृत्ति को प्रश्रय देने के पक्ष में नहीं थे, फिर भी ये इनका विरोध भी जोरों से नहीं कर पाये, इसलिए मनोरंजन के पक्ष को बढ़ावा तो युगीन साहित्यकारों के द्वारा प्राप्त नहीं हुआ लेकिन इस पक्ष को अत्यधिक क्षति भी नहीं पहुँची और धीरे-धीरे उपदेशात्मकता साहित्य से हटती गयी।

सामाजिक जीवन का आदर्श स्वरूप

द्विवेदी युगीन पत्रिकाओं का प्रकाशन सामाजिक दृष्टिकोण को सामने रखकर हुआ करता था। समाज के प्रति प्रतिबद्ध इन पत्रिकाओं में नारी उद्धार के प्रश्न से लेकर राष्ट्रीय आंदोलन तक के प्रश्नों को उठाया गया, साथ ही यह भी प्रतिपादित किया कि नारी शक्ति के अभाव में राष्ट्रीय आंदोलन कमजोर पड़ सकता है। आर्थिक आत्मनिर्भरता प्राप्त किये बिना स्वराज्य की अप्रासंगिकता को पत्रिकाओं के लेखकों ने भली भाँति महसूस कर लिया था।

ब्रिटिश सरकार की आर्थिक नीतियों पर कड़े प्रहार करते हुए युगीन लेखकों ने कृषि, व्यापार, वाणिज्य तथा औद्योगीकरण के विकास के लिए जन-जन का आह्वान किया। आर्थिक विषमताओं के लिए उत्तरदायी कारणों तथा उन्हें दूर करने के उपायों का विवेचन सरस्वती में किया गया। द्विवेदी काल की कई पत्रिकाओं का प्रकाशन हिन्दी भाषा और देवनागरी लिपि के विकास के उद्देश्य को सामने रखकर किया गया था। कुछ पत्रिकाओं में साहित्यिक लेखों की अधिकता रहती थी। साहित्य और भाषा से इतर

पत्रिकाओं का स्वर मूलतः तत्कालीन राजनीति से प्रभावित रहता था। समाज सुधार के माध्यम से महिलाओं की स्थिति में परिवर्तन के लिए पत्रिकाओं में जो सामग्री छापी जाती थी वह पक्ष और विषय दोनों के रंग समेटे हुई थी। सुधार के नाम पर महिलाओं की शिक्षा पर ही बल दिया गया।

"सन् 1920 सितंबर के भारतोदय पत्रिका में प्रकाशित डॉ. राजेन्द्र प्रसाद का 'समाज-संशोधन' शीर्षक लेख स्त्रियों की शिक्षा और सामाजिक स्थिति से संबंधित था।"[15]

उपर्युक्त बात का समर्थन इससे होने लगता है। द्विवेदी युगीन समाज में स्त्री शिक्षा नगण्य थी। स्त्रियाँ घर की चहारदीवारी तक ही सीमित थीं। उनके पास न तो राजनीतिक जीवन था और न ही सामाजिक प्रतिष्ठा। पैसा, आभूषण और रूढ़िवादिता ही उनके जीवन के अंश थी; पर देश राजनीतिक दृष्टि से जाग्रत हो चुका था। द्विवेदी युगीन साहित्य में आदर्श नारी जीवन के चित्रण के साथ आख्यायिका, निबंध आदि के द्वारा महिलोपयोगी साहित्य का समावेश भी हुआ।

सरस्वती और सामाजिक आदर्श

द्विवेदी युग के समग्र समाज के विविध पक्षों की संवेदनाएँ 'सरस्वती' पत्रिका के माध्यम से स्पष्ट झलकने लगती हैं। 'सरस्वती' ने समाज के अंधकार युक्त क्षेत्र को प्रकाशित कर एक अत्यंत महत्वपूर्ण भूमिका निभाने का कार्य किया है। "सरस्वती के माध्यम से भारतीय समाज के उत्थान और स्वतंत्रता संघर्ष की साहित्यिक पत्रकारिता को सबसे गौरवपूर्ण रचनात्मक योगदान मिला। सरस्वती की तुलना में भारत की किसी भाषा की एक भी साहित्यिक पत्रिका नहीं टिक सकती।"[16]

प्रेमचंद के इस उद्धरण से 'सरस्वती' का सामाजिक जीवन के प्रति संस्पर्श का एहसास हमें भलीभाँति होने लगता है। 'सरस्वती' द्विवेदी युग की जातीय पत्रिका थी। इस पत्रिका में ऐसी सामग्री छापी जाने लगी जो रीतिवादी रूढ़ियों का नाश करके नवीन सामाजिक-सांस्कृतिक आवश्यकताओं की पूर्ति करने में अक्षम थी। इस प्रकार द्विवेदी युगीन सांस्कृतिक नवोत्थान में सरस्वती का महत्व स्पष्ट हो जाता है। इसमें प्रकाशित लेखों में जीवन के आदर्श स्वरूप उभर कर आते थे। उदाहरण के लिए 1998 ई. 'सरस्वती' के एक अंक में प्रकाशित लेख का कुछ अंश प्रस्तुत है : "जिस प्रकार देशकाल के साधनों की अपेक्षा न करके हम अपने व्यक्तिगत जीवन को उन्नत नहीं बना सकते उसी प्रकार हम अपनी जातीय या सामाजिक दशा को भी दैशिक और सामयिक साधनों की अनुकूलता प्राप्त किये बिना उन्नत नहीं कर सकते।"[17]

इस प्रकार 'सरस्वती' के माध्यम से सांस्कृतिक नवोत्थान और सामाजिक उत्थान का गौरवपूर्ण रचनात्मक योगदान मिलता है। सरस्वती की युगांतरकारी भूमिका यह थी कि

इस पत्रिका ने द्विवेदी काल की सामाजिक नवोत्थान की बिखरी हुई शक्ति को एकताबद्ध करने का कार्य किया है।

'सरस्वती' ने सामाजिक यथार्थ वाले साहित्य को विकासोन्मुख किया। इस दृष्टि से प्रेमचंद की कहानी 'पंच परमेश्वर', चंद्रधर शर्मा गुलेरी की प्रसिद्ध कहानी 'उसने कहा था', शुक्ल जी की कहानी 'ग्यारह वर्ष का समय' जैसी प्रतिनिधि कहानियों को प्रकाशित करने का श्रेय 'सरस्वती' को ही है।

हिन्दी पत्रकारिता के क्षेत्र में सरस्वती के संक्रांतिकारी कार्य के बाद ही साहित्यकारों ने समाज में प्रचलित वर्गभेद तथा नारी पर हो रहे अत्याचारों का खुल कर विरोध किया। इस युग में समय-समय पर भिन्न-भिन्न क्षेत्रों में समाज सुधार और स्त्री दशा सुधार के उद्देश्य से भी कई पत्र-पत्रिकाएँ निकलने लगीं।

इसका अनुकरण कर अनेक पत्रिकाओं ने महिलोपयोगी साहित्य की ओर ध्यान दिया और इसको बढ़ावा देने के लिए अनेक महिलोपयोगी पत्रिकाएँ भी निकलने लगीं। सन् 1903 ई. में 'अबला हितकारक', 'स्त्री दर्पण' और सन् 1909 ई. में 'चाँद', 'उषा' आदि पत्रिकाएँ लाहोर से निकलती थी। सन् 1911 ई. में श्रीमती यशोदा देवी वैद्य के संपादकत्व में 'स्त्री धर्म शिक्षक' और 'स्त्री शिक्षक' नामक दो पत्रिकाएँ प्रयाग से प्रकाशित होने लगीं इसी वर्ष विद्यापती देवी के संपादकत्व में 'महिला-हितकारक' शीर्षक एक और पत्रिका देहरादून से निकलने लगी। इन पत्रिकाओं में सामाजिक आदर्श पर बल दिया जाता था। इस संदर्भ में पंडित अंबिका प्रसाद वाजपेयी की 'गृहलक्ष्मी' नामक पत्रिका के बारे में कही गई बात का उल्लेख करना समीचीन नज़र आता है :

गृहलक्ष्मी का संपादक पंडित सुदर्शनाचार्य और उनकी पत्नी गोपाल देवी उपसंपादिका थी और यह पत्रिका लाहोर से निकलती थी। इनके विषय में श्री वाजपेयी लिखते हैं।

"पत्र बड़ी योग्यता से संपादित होता था। सबसे आनंद की बात यह थी कि पंडित सुदर्शनाचार्य ने विधवा गोपाल देवी के साथ पुनर्विवाह किया था तथापि पत्रिका में कहीं विधवा-विवाह का समर्थन नहीं देखा जाता था।"[18] पंडित महावीर प्रसाद द्विवेदी के संपादकत्व में सन् 1913 ई. में प्रकाशित 'स्त्रीशिक्षा' नामक एक पत्रिका भी महिलोपयोगी पत्रिकाओं की श्रेणी में आती है।

सामाजिकता को प्रश्रय देने वाली इन पत्रिकाओं में, बाह्य विषयों का चित्रण इतिवृत्तात्मकता, नैतिकता एवं मर्यादा का प्रतिपादन, प्राचीन नियमों का प्रयोग और प्रबंधशैली का प्रचलन होता था। लेकिन इसके साथ ही साथ एक और शैली, जो वैचारिकता को प्रश्रय देती है–उभरकर आने लगी और इस धारा में 'इंदु पत्रिका' प्रमुख है।

'इंदु' और आदर्श जीवन

छायावादी काव्य आंदोलन को सशक्त बनाने वाली 'इंदु' पत्रिका के संपादक प्रसाद जी नहीं थे बल्कि अंबिका प्रसाद गुप्त थे, फिर भी इसमें संपादक के व्यक्तित्व से भी अधिक निखरा व्यक्तित्व प्रसाद जी का है।

डॉ. हर प्रकाश गौड़ ने 'सरस्वती' और 'इंदु' का तुलनात्मक अध्ययन करते हुए लिखा है : "यद्यपि पत्रिका के (इंदु के) संपादक जयशंकर प्रसाद नहीं थे फिर भी उनके व्यक्तित्व की गहरी छाप इस पत्रिका पर उस तरह थी जैसे 'सरस्वती' पर आचार्य महावीर प्रसाद द्विवेदी की। व्यक्तित्व की विरोधी विचारधारा वाले व्यक्तियों के संरक्षण में निकलने के कारण इन पत्रिकाओं की नीति में भी अंतर था। द्विवेदी जी की दृष्टि समाज की ओर थी तो प्रसाद की व्यक्ति की ओर। इसलिए 'सरस्वती' ने साहित्य में सामाजिक जीवन की न्यायात्मक, वस्तुपरक अभिव्यक्ति पर बल दिया और 'इंदु' ने वैयक्तिक अनुभूतियों के सूक्ष्म और प्रतीकात्मक चित्रण पर जोर दिया। इस तरह 'सरस्वती' ने सामाजिक यथार्थवाले साहित्य का विकास किया और 'इंदु' ने छायावाद की पृष्ठभूमि तैयार की।"[19]

'इंदु' के माध्यम से प्रसाद जी ने आधुनिक काव्य के विकास में योगदान देने का प्रयास किया और जीवन के आदर्श को कल्पना, भाव एवं भाषागत माधुर्य के साथ मिलाकर रसमयता प्रदान की। इंदु का आदर्श वाक्य था :

"सज्जन चित चकोरन को,
हुलसावन भावन पूरो अनिंदु है।
मोहन काव्य के प्रेमित के हित
सुधारता के बलिबिन्दु है।
ज्ञान प्रकाश प्रसारि हिय बिच
ऐसो जो मुरखता तिम भिन्दु है
काव्य महो दधिते प्रकप्यो
समरीति कलायुत पूरन इंदु है।"[20]

सामाजिक जीवनादर्श प्रस्तुत करने की क्षमता रखने वाली अनेक रचनाएँ इंदु में प्रकाशित होती थीं। इसमें प्रसाद जी की रचनाओं के साथ-साथ प्रतिष्ठित अन्य अनेक लेखकों की रचनाओं को भी अंबिका प्रसाद गुप्त ने स्थान दिया है। गुलेरी जी की पहली कहानी 'सुखमय जीवन' चतुरसेन शास्त्री की पहली कहानी 'गृहलक्ष्मी', राधिकारमण सिंह की प्रसिद्ध कहानी 'कानों में कंगना', प्रसाद जी के नाटक 'सज्जन', 'प्रायश्चित्', 'राज्यश्री' और 'करुणालय' इंदु में ही प्रकाशित हुए।

इस प्रकार मानव को विस्तृत तथा अनंत उन्नति के पथ पर साहित्य के माध्यम से ले जाने का उद्देश्य 'इंदु' में अंतर्निहित था।

'देवनागर' : सामाजिक जीवन की पक्षधर

देश की भावात्मक एकता को कायम रखने एवं सामाजिक जीवन की पक्षधर बनने के लिए इस पत्रिका को भारी जोखिम उठाना पड़ा। इस 'देवनागर' का उद्देश्य एक लिपि के प्रचार द्वारा जातीय एकता की प्रतिष्ठा और सांस्कृतिक उन्नयन था। यह एक चरित्र साहित्यिक सांस्कृतिक पत्रिका थी। इसकी खासियत यह थी कि इसमें प्रत्येक भाषा की रचनाएँ देवनागरी लिपि में छपती थीं। 'देवनागर' का पहला पृष्ठ और यशोदानंदन अखौरी के संपादकीय वक्तव्य का कुछ अंश यहाँ उद्धृत करना आवश्यक प्रतीत होता है :

श्री

देवनागर

श्री मद् भारत वर्ष भूति भरितैर्नाना विधैर्भावणैः।
पूर्ण भारत भव्य मानव मनोबंध्याय सूत्रं दृढम
श्री देवाक्षर दक्षमेक लिपि विस्तारै कवीरंनवं
पत्रं राजाते देवनागर नहीं। गृह पंतु तत्वांविदः।

आविर्भाव

"मनुष्य स्वभाव से ही एकता प्रेमी है। अद्वितीय परमात्मा का अंश होने के कारण चित्र-विचित्र परावलंबित संसार को एकता के सूत्र में गूँथने की इच्छा उसे सदा बनी रहती है। वह यह चाहता है कि अपना मंडल दूर तक फैले, इसी में विविध वस्तुओं का समागम हो, उच्च नीच, सम तथा बाल, युवा, वृद्ध आदि अपने स्थान पर इसी मंडल में सुशोभित हो और भेदभावों को भूल कर परस्पर के प्रेम से प्रेमानंद स्वरूप अद्वैत ईश्वर में एक हो जाये। मनुष्य की यही स्वभाव जात अभिलाषा भाषाओं को एक करने के विषय में भी चरितार्थ होती है।"[21]

इस प्रकार द्विवेदी युग की सरस्वती और इंदु के अलावा देवनागर में भी समाज के प्रति, सामाजिक जीवन के प्रति भावुक रचनाकारों की रचनाएँ छपकर आती थीं और स्वयं ये पत्रिकाएँ भी युगपरिवर्तनकारी प्रवृत्तियों से ओतप्रोत रही हैं। दूजो के शब्दों में कहा जाय तो इन पत्रिकाओं ने न सिर्फ द्विवेदी युगीन साहित्यिकता को ही प्रगतिकामी बनाने की कोशिश की है बल्कि आगामी पीढ़ी और आगामी पत्रिकाओं के लिए भी दिग्दर्शन का कार्य किया है। तत्कालीन समाज के जीवन का आदर्श स्वरूप उस समय की साहित्यिक रचनाओं में झलकता है तथा इसमें प्रकाशित रचनाओं को जन सापेक्ष करने का कार्य और श्रेय केवल इन्हीं पत्रिकाओं को है।

प्रयोगों में नूतनता

आधुनिक हिन्दी साहित्य का पुनर्जागरण काल भारतेन्दु युग हिन्दी का प्रथम उत्थान का काल भी था। इस युग में हिन्दी प्रदेश में आधुनिक जीवन चेतना का उन्मेष हुआ और मध्यवर्गीय सामाजिक परिवेश में साहित्य रचना का प्रस्फुटन हुआ। रचनागत प्रतिपाद्य की दृष्टि से यह बहुत बड़ा परिवर्तन है। इस युग में जिस विशाल भवन का गठबंधन हुआ उसको सजाने सँवारने और मूल्यवान उपकरणों से अलंकृत करने का कार्य द्विवेदी युग में ही हुआ।

पत्र-पत्रिकाओं के प्रकाशन और प्रचार की गति अत्यंत तीव्रता को पाती गयी जिससे जीवन के विविध क्षेत्रों में हिन्दी के प्रयोग की परंपरा आगे बढ़ी। साहित्यकारों का अदम्य उत्साह, हिन्दी के प्रति, राष्ट्र के प्रति, और समाज के प्रति अटूट निष्ठा, अत्यंत मूल्यवान तत्व बनते रहे। पत्र-पत्रिकाओं में मध्यवर्गीय जीवन के प्रति जिज्ञासा का आरंभ उभरता हुआ नज़र आने लगा।

साहित्य की प्रत्येक विधा के प्रयोगों में नूतनता की झलक हमें प्राप्त होती है। परिवर्तित जनरुचि को ध्यान में रखते हुए रचनाओं में प्रयोगों की नवीनता को स्थान देने का प्रयास अनेक साहित्यकारों ने किया इनमें प्रमुख जनरुचि एवं आकांक्षाओं के पारखी साहित्य के दिशा निर्देशक आचार्य द्विवेदी जी का नाम ही सबसे प्रथम आता है। द्विवेदी युग तक आते-आते समस्यापूर्ति नीरस तुकबंदियों से सहृदय ऊब गये थे और चिरव्यवहृत ब्रजभाषा का आकर्षण निःशेष हो गया। जून उन्नीस सौ की सरस्वती में प्रकाशित 'हे कविते' शीर्षक अपनी कविता में उन्होंने जनरुचि का प्रतिनिधित्व करते हुए ही सारस्य एवं वैविध्य के अभाव तथा ब्रजभाषा के चिर प्रय़ोग पर क्षोभ प्रकट किया था। आपने नायिका भेद को छोड़कर विविध विषयों पर कविता लिखने, सभी प्रकार के छंदों का व्यवहार करने, सभी काव्य रूपों को अपनाने तथा गद्य-पद्य की भाषा के एकीकरण का परामर्श दिया।

द्विवेदी युगीन काव्यप्रयोगों में नवीनता

कविता में विषय की दृष्टि से अपार वैविध्य एवं नवीनता आयी है, द्विवेदी जी के प्रयत्नों से खड़ी बोली काव्य भाषा बन गयी। वैसे तो भारतेन्दु ने भी खड़ी बोली में कविताएँ लिखी हैं, यह भी स्मरणीय है, लेकिन सर्वसाधारण काव्यभाषा उस समय ब्रज थी। श्रीधर पाठक, हरिऔध, लोचन प्रसाद पाण्डे जैसे प्रसिद्ध कवि ब्रज भाषा में अच्छी कविताएँ लिख चुके थे। वे भी युग सापेक्ष होकर खड़ी बोली का व्यवहार करने लगे। इस संदर्भ में एक बात उल्लेखनीय है कि क्रांतिकारी नवीनता का प्रयोग इस काल में दृष्टिगत होता है। पत्रिकाओं के जरिये ही युगीन रचनाकारों की रचनाएँ प्रकाशित होती थीं और पत्रिकाएँ प्रत्येक युग की माँग के अनुसार रचनाएँ पेश करने की सशक्त भूमिका निभाती हैं।

आचार्य द्विवेदी ने समस्यापूर्ति को छोड़ने तथा स्वतंत्र विषयों पर कविता लिखने का भी परामर्श दिया था, फलतः इस युग की समस्यापूर्तियों का रिवाज़ भी कम होता गया, एक और बात यह है कि जो कवि ब्रज भाषा के परिचित मार्ग पर चलते रहे वे भी नूतन प्रभाव से अछूते नहीं रहे और उन लोगों का भी योगदान है जो पत्रिकाओं में नये सिरे से लिख रहे थे।

द्विवेदी युग में प्रायः सभी साहित्यिक विधाओं को प्रकाशित करने का सशक्त माध्यम पत्रिकाएँ थीं। साहित्यिक हलचल एवं नूतन प्रयोगों का स्पंदन पत्रिकाओं में सर्वप्रथम दिखाई पड़ने लगा था। कविता के क्षेत्र में द्विवेदी युगीन कविता की मुख्य प्रवृत्तियों के रूप में प्रतिष्ठा प्राप्त सारी प्रवृत्तियों के पीछे कोई न कोई नूतन प्रयोग अवश्य विद्यमान था जो कि पूर्ववर्ती कविता में कदाचित हमें अप्राप्य था।

पुनरुत्थान के परिणामस्वरूप राष्ट्रीयता द्विवेदी युग की प्रधान भावधारा थी इसलिए तत्कालीन कविता का मुख्य तेवर राष्ट्रीयता ही थी वस्तुतः द्विवेदी युगीन कवियों ने बड़ी श्रद्धा और भक्ति से अतीत के गौरव का गान करते हुए वर्तमान दशा पर क्षोभ प्रकट किया है। देश की आर्थिक विपन्नता, सामाजिक कुरीतियों, सद्प्रथाओं तथा धार्मिक आडंबरों का द्विवेदी युगीन कवियों ने स्पष्ट शब्दों में प्रत्याख्यान किया। उदाहरणार्थ भारत भारती की एक दो पंक्तियाँ उद्धृत हैं :

"हम कौन थे, क्या हो गये और क्या होंगे अभी
आओ विचारें साथ मिलकर ये समस्याएँ सभी।"

पूर्ववर्ती काव्य में असामान्य–ईश्वर, ईश्वरावतार, राजा, सामंत योद्धा या फिर अनेकविध नायिकाओं आदि को ही स्थान मिलता रहा तो इस आलोच्यकाल में इसका गौरव सामान्य मानव को प्राप्त हुआ। मानव मात्र के सुख-दुःख और परिस्थितियों का वर्णन काव्य में बड़े ही सहज भाव से किया जाने लगा। 'सरस्वती' में प्रकाशित महावीर प्रसाद द्विवेदी की कविता "सरगौ नरक ठेकाना नाहिं" मैं जहाँ 'कल्लू अलहैत' काव्य का विषय बना :

"भैसि भवानी कै तब सेवा लागे करन पढ़व गा छूटी
बटवन दूध दुहा इन हाथन घाट न कन्हूँ दुहत माँ टूठि।
मोटरित कटिया भथुरा सानी कीन रोज़ हम बाँह चढ़ाय।
मस्त भयन तब आल्हा गावा ऊपर दुहत्था हाथु उठाया"[22]

इस प्रकार द्विवेदी युगीन काव्य में जनसाधारण को काव्य विषय के रूप में पर्याप्त स्थान प्राप्त हुआ। नीति और आदर्श परक कविताएँ लिखने की परंपरा भी इस युग का ही एक प्रयोग है। इतिहास पुराण से गृहीत कथा-प्रसंगों के आधार पर अथवा कल्पनाश्रित उज्ज्वल कथाएँ लेकर आदर्श चरित्रों पर अनेक प्रबन्ध काव्य लिखे गये।

संयत और मर्यादित काव्य लिखने की प्रथा भी इसी युग की देन है। भारतेन्दु युग के समान हास्य व्यंग्य पूर्ण कविता का प्राचुर्य इस युग में नहीं रहा। हास्य और व्यंग्य के विषय राजनीतिक शोषण, सामाजिक कुरीतियाँ, धर्माडंबर, फैशनपरस्ती आदि है। बालमुकुंद गुप्त, ईश्वरी प्रसाद शर्मा और जगन्नाथ प्रसाद चतुर्वेदी आदि के नाम इस क्षेत्र में उल्लेखनीय हैं। नये काव्य रूपों का प्रयोग भी इसी काल की प्रयोगों की विशेषता है। काव्य क्षेत्र में प्रचलित प्रबंध, मुक्तक, प्रगीत, प्रभृति, गीत आदि काव्य रूपों की रचना हुई। मुक्तक रचना की ओर इस युग के सभी कवि प्रवृत्त हुए हैं—छोटे-छोटे विषयों को लेकर स्वतंत्र पद्यों की रचना पुष्कल परिमाण में हुई क्योंकि इसे पत्रिकाओं में प्रकाशित करना अपेक्षाकृत आसान था। छंद वैविध्य के क्षेत्र में नूतनता एक और महत्वपूर्ण कार्य प्रतीत होता है। हिन्दी के ही नहीं संस्कृत के वर्णिक छंदों और उर्दू बह्‌रों को भी अपनाया गया। गुप्त जी, हरिऔध और शंकर ने छंद प्रयोग में अद्‌भुत कौशल का परिचय दिया। आचार्य द्विवेदी ने छंद के विशेषीकरण का भी परामर्श किया है। इस काल में वर्ण्य विषय का अद्‌भुत विस्तार और वैविध्य और व्यापकता देखने को मिलता है। परिणामतः जीवन जगत के सभी दृश्य और पदार्थ कविता के विषय बनने लगे।

उदाहरणार्थ दो पंक्तियाँ प्रस्तुत हैं—भारत भारती में गुप्त जी ने एक छंद के पूर्वार्द्ध में यों कहा है :

"शासन किसी पर जाती का चाहे विवेक विशिष्ट हो
संभव नहीं है किन्तु जो सर्वांश में वह इष्ट हो"[23]

भाषा परिवर्तन के क्षेत्र में नूतनता सबसे महत्वपूर्ण एवं उल्लेखनीय बात है। ब्रज का स्थान खड़ी बोली ने ले लिया। आलोच्य युग में खड़ी बोली के भाषा सौंदर्य, मनार्दव और अभिव्यंजना क्षमता के दर्शन के पश्चात् उसकी काव्योपयुक्तता विवादास्पद नहीं रह गयी है।

उदाहरणार्थ नवीन जी की कुछ पंक्तियाँ प्रस्तुत हैं—कुली के चरणों में :

"न हो विकल ऐ कुली,
टिकट मॉरीशस का हम ले देंगे।
अथवा किसी क्रूर जोल की
ट्रंक उठाने भेजेंगे।"[24]

इस कविता का प्रसंग—भारत के खिलाफ प्रतिक्रिया व्यक्त करने वाले भोले-भाले बिहारी भोजपुरी भाषी गरीब लोग जहाज़ों में भर-भरकर विदेश भेजे जा रहे थे। उन्हें मॉरीशस का टिकट दिया जाता था, जो मना करते थे उन्हें जेल भेज दिया जाता था। उस कुली प्रथा पर यह करारा व्यंग्य भी है।

द्विवेदी युग से पूर्व जार्ज ग्रियर्सन जैसे भाषाविद् भारतेन्दु, प्रतापनारायण मिश्र आदि कवि मनीषी खड़ी बोली की काव्योपयुक्तता के विषय में संदेहशील थे। द्विवेदी युगीन

काव्य ने इस शंका को निर्मूल कर दिया। वस्तुतः द्विवेदी युगीन काव्य का विकास इस बात का इतिहास है कि खड़ी बोली अपरिपक्वता, अव्यवस्था और अमार्दव से किस भाँति परिपक्वता, व्यवस्था और परिमार्जन प्राप्त करने लगी थी।

भाषा के क्षेत्र में नूतनता

आचार्य द्विवेदी के अनुसार इस युग की भाषा सुबोध, शुद्ध और रसानुरूप है। इन्होंने भाषा के क्षेत्र में दो नूतन प्रयोग किये :

पहला तत्समप्रधान शब्दों की प्रस्तुति (समस्त भाषा का प्रयोग) उदाहरण :

"पृथ्वी-समुद्र-सरित-नर-नाग सृष्टि
मांगल्य-मूल-मय, वारिद-वारी-वृष्टि
कतार कौन इनका किस हेतु नाना-
व्यापार भार सहता रहता महाना।"[25]

दूसरा प्रचलित शब्दावली का प्रयोग (सरल भाषा का प्रयोग) उदाहरण :

"तुम्ही अन्नदाता भारत के सचमुच बैलराज महाराज!
बिना तुम्हारे हो जाते हम दाना दाना को मोहताज!
तुम्हें षण्ड कर देते हैं जो महानिर्दयीजन सिरताज।"[26]

इन सारे प्रयोग काव्य के क्षेत्र में ही नहीं शब्द के क्षेत्र में भी सांगत्यपूर्ण प्रतीत होते हैं। आम आदमी को विषय बनाना, भाषा परिवर्तन के क्षेत्र में नये-नये प्रयोग लाना आदि इस युग की खासियत है।

गद्य के क्षेत्र में नूतनता

गद्य के क्षेत्र में 'गुलेरी', 'प्रेमचंद' तथा 'प्रसाद' की कहानियों के प्रादुर्भाव के पूर्व कहानी किस प्रकार की रचना प्रक्रिया से गुजरी यह एक रोचक विषय है। द्विवेदी युगीन पत्रिकाओं को देखने से इसका पता हमें होता है। हिन्दी कहानी शिल्प का पहला प्रयोग लक्ष्य करने योग्य रूप हमें सन् 1900 ई. की 'सरस्वती' में प्रकाशित किशोरीलाल गोस्वामी की 'इंदुमती' में मिलता है। एक और बात ध्यातव्य है कि कथानक या किस्से को कहानी कला के रूप में विकसित करने का कार्य इसी काल की देन है। खासकर पत्रिकाओं ने ही इसकी पृष्ठभूमि बाँधने का कार्य किया है।

यद्यपि आलोच्य काल में आर्य समाज और सनातन धर्म दोनों का द्वन्द्व बना रहा। किंतु यह निर्विवाद है कि धार्मिक, सामाजिक क्षेत्र में क्रमशः उदारता और सहिष्णुता की भावनाएँ समांतर रूप से चलती जा रही थीं। यह राजनीतिक, जागरूकता, आर्थिक समझदारी, सामाजिक धार्मिक उदारता तथा राजप्रेम शिक्षित मध्यवर्ग की जनता के जागरण

के परिणाम थे। समाज के सभी क्षेत्रों को नेतृत्व प्रदान करने वाला पक्ष यही था। साहित्य रचना भी इसी शिक्षित मध्यवर्गीय समाज द्वारा की जा रही थी। वह वर्ग सर्वाधिक संवेदनशील था। यह संवेदनशीलता प्रत्येक रचनाकारों की रचनाओं में प्रतिबिंबित होने लगती है। फिर भी सामाजिक जीवन की यथार्थ समस्याओं को लेकर गंभीर रचना अपेक्षाकृत कम हुई। रहस्यमयी अद्‌भुत घटनाओं को शृंखलाबद्ध करके एक अपरिचित संसार में पाठकों को भटकाते रहना लेखकों का प्रधान लक्ष्य प्रतीत होता है।

वस्तुतः द्विवेदी युगीन काल की पत्र-पत्रिकाएँ विषय और भाषा के क्षेत्र में परिवर्तन का आयोजन करने में सक्षम भूमिका अदा कर रही थीं। यद्यपि यह परिवर्तन समूचे साहित्यकारों के द्वारा स्वीकारा नहीं गया तथापि आगे के साहित्यिक और भाषा का चयन इन्हीं परिवर्तनों के आधार पर हुआ था यह बहुत ही महत्वपूर्ण बात है।

निष्कर्ष

द्विवेदी युगीन पत्रकारिता हिन्दी पत्रकारिता के क्षेत्र का सुधार काल माना जाता है। पूर्ववर्ती भारतेन्दु युग में जिस बीज का वपन हुआ था उसका प्रस्फुटन द्विवेदी काल में ही हुआ है। पत्रिकाओं की भाषा, पत्रिकाओं में लेखन और प्रयोग हर कहीं क्रांतिकारी परिवर्तन नज़र आने लगा। हिन्दी भाषा का परिनिष्ठित रूप, इसी काल में उभरकर साहित्य में प्रवृत्तमान होने लगा। इसका मुख्य श्रेय सरस्वती पत्रिका एवं उसके संपादक पंडित महावीर प्रसाद द्विवेदी जी को ही है। हिन्दी भाषा को गांभीर्य एवं गूढ़ अभिव्यक्ति क्षमता इसी काल की देन है।

पत्रिकाओं में एक ओर नूतन शैलियों से ओतप्रोत लेखन को गंभीरता प्राप्त हुई तो दूसरी ओर लेखनी में परंपरागत रूढ़ियाँ, जड़ता, इतिवृत्तात्मकता तथा स्थूलता का आगमन होने लगा। नतीजतन सूक्ष्म अभिव्यक्ति के लिए उपयुक्त शक्ति और क्षमता का विकास खड़ी बोली हिन्दी में पर्याप्त मात्रा में नज़र नहीं आता है। इस काल में भाषा और शैली संघर्ष के पथ पर अपना रूप स्थिर नहीं कर पायी थी। भाषा की निजी आवश्यकताओं की पूर्ति और अभिव्यक्ति क्षमता की अक्षुण्णता युग की माँग थी इसलिए लेखन की दृष्टि में नूतन शैलियों का आविर्भाव अनिवार्य था।

कथ्य में उपदेशात्मकता के प्रति लोगों की मनोवृत्ति बदलती गयी। छायावाद युग की ओर जाते-जाते स्थूल से सूक्ष्म की ओर जनता की मानसिकता भी झुकती गयी। परिणाम स्वरूप उपदेशात्मकता पत्रिकाओं से दूर होती गयी और इसके स्थान पर मनोरंजकता की झलक नज़र आने लगी। पत्रिकाओं में प्रकाशित लेखों की सामग्री सामाजिक जीवन के उच्च आदर्शों को समेटे हुए थी, सामाजिक जीवन को महत्ता देने वाली रचनाएँ प्रत्येक पत्रिकाओं में छपने लगीं। पत्रिकाओं में प्रकाशित सामग्रियों में विषय की दृष्टि, भाषा परिवर्तन की दृष्टि से, छंद प्रयोग की दृष्टि से, एक-एक नूतन प्रयोग इस काल में हुआ है।

संदर्भ

1. सार सुधानिधि, जनवरी 1880 अंक
2. भारतेन्दु युग, डॉ. रामविलास शर्मा, पृ. 51
3. हिन्दी साहित्य का इतिहास, आ. रामचन्द्र शुक्ल, पृ. 456
4. सरस्वती, प्रथम अंक, मुखपृष्ठ
5. सरस्वती, 1914, पृ. 429
6. सरस्वती हीरक जंयती अंक-1961, पृ. 48-49
7. The Rise and growth of Hindi Journalism, Dr. Ramratan Bhatnagar, p. 309
8. सरस्वती हीरक जंयती अंक, पृ. 645
9. The Rise and growth of Hindi Journalism, Dr. Ramratan Bhatnagar, p. 309
10. Ibid, p. 302
11. सरस्वती, 1914, पृ. 69
12. भाषा, द्विवेदी स्मृति अंक-1964, पृ. 17
13. वही, पृ. 113
14. हिन्दी साहित्य का इतिहास, डॉ. नगेन्द्र, पृ. 500
15. अंतर्राष्ट्रीय महिला दशक और हिन्दी पत्रकारिता, मीराकांत, पृ. 86
16. पत्रकार प्रेमचंद और हंस, पृ. 59
17. सरस्वती, 1914, पृ. 429
18. अंतर्राष्ट्रीय महिला दशक और हिन्दी पत्रकारिता, मीराकांत, पृ. 86
19. सरस्वती और राष्ट्रीय जागरण, पृ. 142
20. पत्रकारिता का इतिहास एवं जनसंचार माध्यम, पृ. 85
21. हिन्दी पत्रकारिता, डॉ. कृष्णबिहारी मिश्र, पृ. 487
22. हिन्दी साहित्य का इतिहास, डॉ. नगेन्द्र, पृ. 499
23. सरस्वती, 1909
24. साप्ताहिक प्रताप, सितंबर 1920
25. हिन्दी साहित्य का इतिहास, डॉ. नगेन्द्र, पृ. 506
26. वही, पृ. 506

तीसरा अध्याय

प्रेमचंद युग में साहित्यिक पत्रकारिता

परिस्थिति के बदलाव के अनुसार बीसवीं सदी तक आते-आते हिन्दी पत्र-पत्रिकाओं की भूमिका साहित्यिक और राजनीतिक क्षेत्र में नेतृत्व करने की रही। इस काल में धार्मिक और सामाजिक सुधार के आंदोलन पीछे पड़ गए। राजनीतिक और साहित्यिक चेतना ने उनका स्थान ग्रहण कर लिया। द्विवेदी युगीन पत्रिकाएँ साहित्यिक क्षेत्र में तो स्थान प्राप्त कर सकीं परन्तु राजनीतिक क्षेत्र का नेतृत्व हिन्दी पत्रिकाओं की अपेक्षा बंगला और मराठी पत्रिकाओं के पक्ष में था। तत्कालीन राजनीतिक चेतना का केन्द्र प्रदेश ये दोनों प्रांत थे शायद इसलिए ही इन प्रांतों से प्रकाशित हिन्दी पत्रिकाओं में भी साहित्य के साथ-साथ राजनीति का भी पुट मिलता। कलकत्ता से प्रकाशित 'भारतमित्र', 'बंगवासी' आदि पत्रिकाएँ उस समय की राजनीतिक चेतना की उचित वक्ता थीं।

हिन्दी क्षेत्र से भी 'अभ्युदय', 'प्रताप', 'कर्मयोगी', 'हिन्दी केसरी' आदि पत्रिकाएँ निकलती रहीं, राजनीतिक क्षेत्र में आगे कदम बढ़ाने का श्रेय इन्हीं पत्रिकाओं को प्राप्त है। अतः ऐसा कहा जा सकता है कि प्रेमचंद के समय तक आते ही साहित्यिक पत्रकारिता पूर्ववर्ती युग से प्रकट रूप में बदल चुकी थी। इस काल की पत्रिकाओं में साहित्य संबंधी लेख ही नहीं बल्कि राजनीति और अन्य ऐसे सामाजिक पक्ष से संबंधित लेख भी छपने लगे थे, जिनमें मानव जीवन का गहरा संस्पर्श हमें दिखाई पड़ता है।

सन् उन्नीस सौ बीस के बाद का काल प्रेमचंद युग के नाम से पत्रकारिता के क्षेत्र में विख्यात है। इस काल को 'गाँधी युग' के नाम से भी अभिहित किया गया है। पत्रकारिता के क्षेत्र में प्रेमचंद काल सभी दृष्टियों से महत्वपूर्ण काल माना जाता है क्योंकि इस युग की पत्रिकाओं से भारतीय मध्यवर्गीय समाज की सामाजिक, सांस्कृतिक, साहित्यिक और राजनीतिक चेतना का क्रमिक इतिहास प्राप्त होता है। द्विवेदी युगीन साहित्यिक पत्रकारिता के नूतन प्रयोगों का विस्तार इसी काल में हुआ है। फलस्वरूप पत्रिकाएँ अपनी करवटें बदलने लगीं।

पत्रिकाओं की बदलती दृष्टि

सन् उन्नीस सौ बीस के आसपास महात्मा गाँधी द्वारा राजनीतिक नेतृत्व ग्रहण करते ही भारत में नव जीवन की लहर दौड़ गयी। राष्ट्रीय चेतना और नवीन साहित्यिक चेतना से युक्त सामग्रियों का प्रकाशन प्रेमचंद युगीन पत्रिकाओं का प्रधान उद्देश्य रहा है। इस काल में राजनीतिक और साहित्यिक दोनो ही क्षेत्रों में क्रांतिकारी परिवर्तन हुए हैं। और इस ओर प्रेमचंद युगीन पत्रकारों की भूमिका महत्वपूर्ण रही है। राष्ट्रीय आंदोलनों को ग्रामीणों और श्रमिकों तक पहुँचाने के लिए प्रेमचंद कालीन पत्रकारों ने बहुत ही श्रमसाध्य कार्य किया है। राष्ट्रीय आंदोलन की प्रगति के साथ-साथ हिन्दी पत्रिकाओं के सम्मान और महत्व में भी वृद्धि होने लगी। इससे रुष्ट होकर अंग्रेज़ी सरकार ने दमन नीति बनाकर हिन्दी पत्रिकाओं की स्वतंत्रता पर समय-असमय भयंकर आघात किए, परंतु युगीन पत्रकार, कर्मठ राष्ट्रसेवी तथा निर्भीक थे; इसलिए वे सरकार का सामना दृढ़तापूर्वक करते रहे। यही नहीं वे किसी भी प्रकार की चुनौती का सामना करने के लिए भी सदा तैयार थे। हंस के संपादक के रूप में प्रेमचंद ने जो कुछ सहा ये इस बात को स्पष्ट करने के लिए पर्याप्त उदाहरण है : "हंस साहित्यिक पत्रकारिता के क्षेत्र में मानवीय मूल्यों को सामाजिक परिप्रेक्ष्य में पेश करने के लिए संघर्षरत रहा है। प्रेमचंद ने हंस के लिए सब कुछ सहा। विदेशी शासन की कोप दृष्टि बराबर इन्हें घेरे रही। बार-बार हंस को जमानत भरना पड़ा। लेकिन प्रेमचंद जैसे समाजोन्मुखी रचनाकार अपने लक्ष्य की प्राप्ति के लिए आगे बढ़ते रहे।"[1]

'स्वतंत्र' नामक अन्य एक पत्रिका कलकत्ता से प्रकाशित होती थी। अंबिका प्रसाद वाजपेयी इस पत्रिका के संपादक रहे हैं। इसमें गाँधीजी के व्याख्यानों और भाषणों को प्रमुखता से छापा जाता था। राजनीतिक, व्यावसायिक तथा साहित्यिक पत्रकारिता का व्यापक स्वरूप इसमें अत्यंत प्रखरता के साथ उभरकर आया है। गाँधीजी के नमक सत्याग्रह का समर्थन करने के कारण 'स्वतंत्र' पर संकट आ गया था। "सरकार ने पाँच हज़ार रुपये की जमानत माँगी और जिसे न देने के कारण पत्र बंद हो गया। इस प्रकार सन् उन्नीस सौ तीस मार्च को पत्र का प्रकाशन बंद हो गया।"[2]

प्रेमचंद युगीन पत्रिकाएँ किसी न किसी प्रकार कोई न कोई आंदोलन का समर्थन करने के लिए उत्सुक थीं। इसका मूल कारण पत्रिकाओं की बदलती दृष्टि ही थी। राष्ट्रीयता एवं सामाजिकता को प्रश्रय देने के कारण प्रेमचंद युगीन पत्रिकाओं में प्रायः आंदोलनों की पक्षधरता नज़र आने लगी। इस प्रकार आंदोलन की चेतना को विशाल जनसमूह में फैलाने की दृष्टि से पत्र-पत्रिकाओं की प्रयोजनीयता बढ़ती गई। पत्रकारों ने जन साधारण को अपनी सामाजिक कुरीतियों से अवगत कराया और सामाजिक सुधारों के प्रयासों के लिए भी सजग किया।

सन् उन्नीस सौ बीस से लेकर स्वतंत्रता पूर्व तक के अंतराल में अनेक पत्रिकाएँ जन्मीं। इन पत्रिकाओं में पूर्ववर्ती पत्रिकाओं की अपेक्षा राजनीतिक एवं सामाजिक दृष्टि अधिक प्रखर रही, क्योंकि यह संघर्ष का काल था और विभिन्न राष्ट्रीय आंदोलनों का समारंभ इसी दौरान हुआ है जैसे गाँधीजी का 'असहयोग आंदोलन', 'नमक सत्याग्रह' आदि।

प्रेमचंद युग में साहित्यिक दृष्टि से महत्वपूर्ण अनेक पत्रिकाएँ निकलती रहीं जिनमें 'चाँद', 'माधुरी', 'मतवाला', 'जागरण', 'हंस', 'सुधा' आदि प्रमुख श्रेणी की है। राजनीतिक, विविध विषयक एवं समाज सुधार संबंधी पत्रिकाओं में 'कर्मवीर', 'हरिजन', 'महारथी', 'विप्लव', 'हिन्दू पंच', 'साप्ताहिक', 'सैनिक' आदि प्रमुख हैं।

द्विवेदी युग की 'सरस्वती' और 'इंदु' आदि प्रमुख पत्रिकाएँ अपना साहित्यिक तेवर लेकर प्रेमचंद काल में भी स्थायी स्तंभ के समान विद्यमान रहीं। ये दोनों पत्रिकाएँ इस काल में भी प्रासंगिक ही रहीं।

प्रेमचंद युगीन साहित्यिक पत्रिकाओं ने हिन्दी आंदोलनों को दृढ़ता, भाषा को प्रौढ़ता और साहित्यिक गतिविधि को बल दिया है। युग और जीवन के अनुरूप जनमानस का निर्माण किया है। इस दृष्टि से पूर्ववर्ती पत्रिकाओं की अपेक्षा विषय और चिंतन की दृष्टि में भी बदलाव झलकता है। पत्रिकाओं की दृष्टि पूर्णतः साहित्यिक से हटकर राजनीतिकता और सामाजिकता को प्रश्रय देने वाली होती गयी। ऐसी प्रवृत्ति सन् उन्नीस सौ बीस से ही पत्रकारिता के क्षेत्र में नज़र आने लगी।

सन् उन्नीस सौ बीस ई. में माखन लाल चतुर्वेदी के संपादकत्व में प्रकाशित 'साप्ताहिक कर्मवीर' जन्म से ही राजनीतिक, सामाजिक और साहित्यिक गतिविधियों का ओजस्वी केन्द्र बना रहा। यह पत्रिका राजनीति में गर्मदल का समर्थक रही और अंग्रेज़ी शासन का कोप सहन करते हुए इसने राष्ट्र के तन-मन में स्वतंत्रता की अखंड ज्योति प्रज्ज्वलित की। उग्र राष्ट्रीयता के इस दौर में कर्मवीर ने त्याग, बलिदान, क्रांति तथा विद्रोह का आदर्श प्रस्तुत किया।

पंडित माखनलाल चतुर्वेदी ने 'कर्मवीर' के माध्यम से व्यापक मानवीय और संवेदनात्मक मूल्यों को क्रांति और विद्रोह के स्तर पर लाने का प्रयास किया। इनके फलस्वरूप स्वाधीनता का संघर्ष जन-मन का संघर्ष बनने लगा। 'कर्मवीर' के द्वारा माखनलाल जी ने आम जनता को राष्ट्रीय आंदोलन की मुख्य धारा से जोड़ने का प्रयास किया। 'कर्मण्येवाधिकारस्ते मा फलेषु कदाचनः' गीता के मुख्य संदेश को समर्पित, 'कर्मवीर' ने वैचारिक चेतना जगाई और लेखकों, कवियों, विचारकों तथा क्रांतिकारियों को एक राष्ट्रीय मंच प्रदान किया।

श्री कैलाश नारद लिखते हैं : इसी काल में हिन्दी कविता को नये भाव, नयी भाषा, नयी शैली, नया प्रवाह, जीवन दर्शन, नयी सामाजिक दृष्टि और नया चिंतन भी मिला।

इससे स्फूर्ति केवल कविता को ही नहीं, बल्कि यह आग और आवेश पत्रकारिता को भी मिला। चतुर्वेदी जी की 'एक फूल की अभिलाषा' ने देश के यौवन को उसके फूलों और कलिकाओं के मानस में स्वाधीनता के लिए कष्ट सहन और प्राणदान की प्रबल पुकार पैदा कर दी :

"मुझे तोड़ लेना वनमाली, उस पथ पर तुम देना फेंक।
मातृभूमि पर शीश चढ़ाने जिस पथ जायें वीर अनेक।"[3]

इस प्रकार प्रेमचंद युग की आरंभकालीन प्रायः सभी पत्रिकाएँ साहित्य की अपेक्षा राष्ट्रीयता से ओतप्रोत थीं।

सन् उन्नीस सौ बाईस ई. में प्रकाशित 'माधुरी' उच्च स्तरीय साहित्यिक लेखों एवं कविताओं को प्रकाशित करते हुए समाज का दर्पण सिद्ध हुई। 'माधुरी' पत्रिका के प्रथम अंक में नीतिविषयक व्याख्या करते हुए उसका उद्देश्य हिन्दी और देश की सेवा करना बतलाया है।

'माधुरी' यद्यपि साहित्यिक पत्रिका थी परंतु इसमें राजनीतिक विषयों को स्पर्श करती हुई रचनाएँ भी प्रकाशित होती थीं। इसका प्रमाण गाँधीजी और उनके आंदोलन की स्तुति में लिखी गईं निम्नांकित पंक्तियों से स्पष्ट है :

"प्रह्लाद जानता था तेरा सही ठिकाना।
तू ही मचल रहा था मंसूर की रटन में।।
आखिर चमक पड़ा तू गाँधी की हड्डियों में
मैं तो समझ रहा था सुहराब पील तन में।।"[4]

लेकिन प्रत्येक राजनीतिक दलबंदी से 'माधुरी' अलग रही। साहित्यिक दृष्टि से देखें तो इस पत्रिका में छायावादी काव्य प्रवृत्तियों को विशेष समर्थन मिला है। 'माधुरी' की लोकप्रियता से प्रभावित होकर बाद में 'महारथी', 'श्री शारदा', 'मनोरमा' आदि पत्रिकाओं का प्रकाशन हुआ। प्रेमचंद 'माधुरी' के संपादक रहे और इन्होंने ही 'माधुरी' को साहित्य प्रधान पत्रिका बनाया। पंडित बदरीनारायण प्रेमधन, गोविंद नारायण मिश्र, डॉ. श्यामसुंदर दास, गौरीशंकर हीराचंद ओझा आदि विद्वानों का रचनात्मक सहयोग 'माधुरी' को प्राप्त था। प्रेमचंद की 'सत्व रक्षा' शीर्षक कहानी भी 'माधुरी' के प्रथम अंक में प्रकाशित हुई। इनके अलावा 'निराला की रेखा' और शुक्लजी का 'गोस्वामीजी का हिन्दू भाव' शीर्षक कविताएँ भी 'माधुरी' के प्रथम अंक में प्रकाशित हुई थीं।

हिन्दी के अन्य लेखकों की रचनाएँ भी 'माधुरी' के अंकों में समय-समय पर प्रकाशित हुई हैं। उदाहरणार्थ–हरिऔधजी की 'प्रलयकाल' शीर्षक खड़ी बोली की कविता, मिश्रबन्धुओं का 'वाल्मीकि रामायण' शीर्षक लेख, कृष्ण बिहारी मिश्र का 'पुनर्जन्म' शीर्षक गवेषणात्मक लेख आदि सन् उन्नीस सौ सत्ताईस ई के अगस्त अंक में प्रकाशित हुए थे।

'माधुरी' में अनेक चित्र भी प्रकाशित होते थे। सन् सत्ताईस के अगस्त अंक में रामेश्वर का 'राधाकृष्ण' शीर्षक रंगीन चित्र, रामनाथ गोस्वामी की 'हंस दूत' शीर्षक चित्र आदि इसके सबूत हैं। इससे यह बात स्पष्ट नज़र आती है कि माधुरी नित नवीन सामग्रियों से परिपूर्ण विविध-जिज्ञासाओं की आपूर्ति करने में सफल पत्रिका थी और प्रेमचंद युगीन पत्रिकाओं की बदलती दृष्टि भी इनमें झलकती है।

प्रेमचंद की अन्य एक पत्रिका 'मर्यादा' में राष्ट्रीय और राजनीतिक चेतना के द्वन्द्व, घात प्रतिघात और संघर्ष से उत्पन्न जन आंदोलन का संदेश पर्याप्त रूप में मिलता है। इस काल में समस्त दबे हुए मानव संसार के विस्तृत क्षेत्र में मानवता की सुरक्षा की लड़ाई प्रारंभ हो चुकी थी। स्वार्थ द्वेष और कूटनीति का बोलबाला भी जोरों से चल रहा था दुनिया भर में शांति व्यवस्था स्थापित करने वाले बड़े-बड़े कॉफ्रेंसों और सम्मेलनों का ताँता बाँधा था, स्थिति एक प्रकार से अव्यवस्थित थी इस संदर्भ में—मर्यादा में नये वर्ष का स्वागत करते हुए 'नया वर्ष' शीर्षक संपादकीय में प्रेमचंद ने लिखा था : "हमने वर्षों तपस्या की, हज़ारों की भेंट चंदा दी, परंतु उचित संगठन के अभाव में हमारे देश की समस्त शक्तियाँ एक ही धारा में प्रवाहित होती रहीं।"[5]

ऐसी स्थिति में प्रेमचंद बिखरी हुई शक्तियों का सदुपयोग करने का उपाय बता रहे थे। मर्यादा का संपादन करते हुए प्रेमचंद ने प्रयत्न किया कि संसार के सबसे शक्तिशाली साम्राज्य से देश की लड़ाई ठनी है न जाने कितनी कुर्बानियाँ देकर भी परास्त होना होगा। प्रेमचंद निरंतर संदेश देते रहे कि स्वतंत्रता हमें अंग्रेजों से नहीं बल्कि अपने बंधुओं से लेनी है।

इस प्रकार एक बात स्पष्ट झलकती है कि युगीन पत्रिकाएँ देश की अव्यवस्थित स्थिति के प्रति जन जागरण का संदेश प्रस्तुत करने वाली थीं। इन पत्रिकाओं की भूमिका न सिर्फ साहित्यिक और राजनीतिक ही रही है।

पूर्ववर्ती पत्रिकाओं से प्रेमचंद युगीन पत्रिकाओं तक आते-आते एकदम पत्रिकाओं की दृष्टि में गोचर बदलाव का आभास पाठकों को होने लगता है। इसके कई कारण हैं। तत्कालीन समय में सारे विश्व भर में व्याप्त आर्थिक अस्थिरता इनमें एक प्रमुख कारण है। फलस्वरूप पत्रिकाओं को भी अव्यवस्था एवं अस्वीकार का शिकार होना पड़ा। प्रथम महायुद्धोपरांत हिन्दी दैनिकी, साप्ताहिकी एवं मासिकियों को उचित स्थान प्राप्त नहीं हुआ, इसके अलावा सन् उन्नीस सौ उन्नीस ई. में कांग्रेस द्वारा हिन्दी को देशीय भाषा के रूप में स्वीकृति आदि पत्रकारिता के क्षेत्र में राजनीति को महत्वपूर्ण स्थान दिलाया। लेकिन अहिंसा एवं असहयोग जैसे आंदोलन का उद्भव एवं प्रेस प्रकट का लागू होना आदि पत्रिकाओं के लिए एक प्रकार से आश्वस्त स्थितियाँ रही हैं।

इस संदर्भ में एक बात संगत प्रतीत होती है कि राजनीति किस प्रकार पत्रकारिता में

दखलअंदाज़ी देती है इसका सबूत इस उद्धरण से स्पष्ट होता है : "An analysis that (in 1923) (1) Religious journalism and (2) Social journalism were not important (3) Caste journalism was important and much flourishing. Every class owned same papers. eg. Brahman, Kshatriya, Kayastha, Kalwar etc. (4) Political journals were the most important. They were powerful instruments in political awakening."[6]

इस प्रकार राजनीतिज्ञों ने जातीयता को बढ़ावा देते हुए उनके नींव पर बल पकड़ने का प्रयास उस काल में हो रहा था। लेकिन पत्रिकाएँ सन् सत्ताईस एक आते-आते कुछ और करवट बदलने लगीं।

सन् सत्ताईस में दुलारे लाल भार्गव के संपादकत्व में मासिक पत्रिका 'सुधा' प्रकाशित होने लगी। वह विविध विषय विभूषित साहित्यिक पत्रिका थी, आगे यह साहित्यिक, सामाजिक, राजनीतिक पत्रिका हो गई। 'सुधा' में समाज सुधार, साहित्य चर्चा और विविध विषय नामक स्तंभ थे। रंगीन चित्र, फोटोग्राफ और कार्टून भी छपते थे। राजनीतिक, समाजिक तथा साहित्यिक विषयों पर आधारित कार्टून भी छापे जाते थे। इसके अलावा 'सुधा' में साहित्यिक-सामाजिक और धार्मिक विषयों पर लेख तथा निबंध भी प्रकाशित होते थे।

भारतेन्दु के बाद द्विवेदी युग और प्रेमचंद युग वास्तव में कविता के क्षेत्र में दूसरा और तीसरा परिवर्तन काल है लेकिन पत्रिकाओं के संदर्भ में यह कविता के क्षेत्र का ही परिवर्तन काल नहीं बल्कि साहित्यिक की प्रत्येक विधा में परिवर्तन एवं विकास का काल कहा जा सकता है। कथा साहित्य के विकास और उत्थान का वास्तविक श्रेय इस काल के मासिक पत्रों के संपादकों को ही प्रदान करना चाहिए। इस दृष्टि के प्रेमचंद युगीन पत्रिकाओं में खासकर 'सरस्वती' और 'इंदु' के अलावा 'मतवाला', 'हंस' और 'जागरण' का नाम उल्लेखनीय है।

हिन्दी पत्रकारिता में यह पत्रिकाओं का ही उत्थान काल नहीं था बल्कि दैनिक प्रेस भी प्रेमचंद काल में अपने उत्कर्ष पर था। इस काल का सर्वप्रमुख दैनिक पत्र 'आज' सन् उन्नीस सौ बीस ई. में प्रकाशित होने लगा था। इस पत्र में समाचारों के अलावा भाषा एवं साहित्य को भी पर्याप्त स्थान प्राप्त हुआ है। पांडेय बेचन शर्मा उग्र की पहली कहानी चिनगारियाँ 'आज' में प्रकाशित हुई थी।

प्रेमचंद युगीन पत्रिकाओं में यथार्थवादी जीवन दृष्टि पनपने लगी, साहित्य के सामाजिक उद्देश्य को व्यापक स्वीकृति मिलने लगी। इसलिए युगीन रचनाकारों की साधना जीवन को ही केन्द्र बनाकर चलती रही। पत्रिकाओं में संपादकों के जीवन दर्शन ही स्पष्ट झलकने लगे। प्रेमचंद युगीन पत्रिकाएँ मुखपृष्ठ पर ही अपना उद्देश्य भी स्पष्ट रूप से दर्शाती रहीं।

निराला के संपादकत्व में प्रकाशित 'मतवाला' में निराला कृत दोहा छपता रहा यह इस पत्रिका के उद्देश्य का परिचायक सिद्ध होता है :

"अमिय गरल शशी सीकर रविकर
राग-विराग भरा प्याला।
पीते हैं जो साधक उनका
प्यारा है यह मतवाला।"

एक ओर मतवाला में मंगल सूचक नवीन कार्य प्रारंभ की स्तुत्य भावना का दर्शन होता रहा तो दूसरी ओर देश की राष्ट्रीयता पर आयी पराधीन विपत्तियों की आग के निवारणार्थ रौद्र एवं व्यंग्य की ओजस्वी झलक मुखरित होती रही। 'मतवाला' के 'आत्म परिचय' में इतनी व्याप्ति रही है कि उस युग का नग्न-चित्र आँखों के सामने बिखरे रूप में नाचने लगता है। प्रथम अंक के 'आत्म परिचय' से कुछ अंश इस कविता में अंकित है :

"सीस जटा गंगवारे भूखन भुजंगावारे,
गोरी अरधंगवारे चन्द्र दुतिवारे है।
वृषय तुराग वारे मदन अनंग वारे
अडबंग ढंगवारे मुंडमाल धारे है।"[7]

मतवाला की बहक, मतवाला का चाबुक जैसे स्तंभ भी इस पत्रिका में निरंतर छपते रहे। मतवाला की बहक में एक ओर मर्यादा के प्रश्न पर बुजुर्गों के सम्मान के लिए नीति का समर्थन किया गया है। दूसरी ओर जागरूक लेखनी के द्वारा व्यक्तिवादी बातों पर भी दिल से चोट की गई है। मतवाला का चाबुक लोगों को मार्ग परिवर्तन तक कर लेने को बाध्य कर देता था।

साधारण समाज और पंक्तियों से लेकर प्रख्यात साहित्यकार और नेताओं तक यह चाबुक मतवाला मंडल की अनोखी विशेषता थी। मतवाला चाबुक से छोटा एक उद्धरण इस प्रकार है : "बाबू श्यामसुन्दर दास बी.ए. कोशकार है फिर क्या कहना। जो कुछ कहे-जो कुछ कर दे, वही कोश मे सुरक्षित हो जाएगा। खाता न वही, जो आप कहें सही। नागरी प्रचारिणी सभा की वार्षिक रिपोर्ट में आपका 'माधुरी' और 'सरस्वती' की होड़ा होड़ी का उल्लेख देख 'पियक्कड़' घोड़ा घोड़ी की तरह हिनहिना पड़े।"[8]

मतवाला की यथार्थ दृष्टि, जीवन और समाज के व्यापक पक्षों पर जमकर लिखा। आलोचना और कविताएँ निरालाजी, मुंशी नवजादिकलाल व्यंग्य विनोद और शिवपूजन सहाय प्रायः अग्रलेख लिखा करते थे। घनश्याम तिवारी लिखते हैं कि "इन महारथियों के प्रयास से भारतेन्दु युग का उत्कृष्ट हिन्दी प्रेम, समाज सुधार और राष्ट्रीय स्वाधीनता की भावना, हास्यप्रियता और जिन्दादिली 'मतवाला' में नया अवतार लेकर जनता के सामने आई।"[9]

निराला ने भाषा और साहित्य में नए युग का आह्वान अपनी पत्रिका के माध्यम से किया। निराला की संवेदनशीलता ने युग-युग की जटिलताओं और समस्याओं को महसूस कर उन्हें वाणी प्रदान की। हिन्दी के प्रचार-प्रसार और विकास के लिए भी वे सतत प्रयास करते रहे। मतवाला के माध्यम से निराला ने रंगमंच पर नाटकों की व्यावसायिक प्रवृत्ति पर भी निर्भीक रूप से कलम चलाई जिसमें रंगरूप नाट्यकला की सही दिशा में विकास की प्रेरणा निहित रही है।

साहित्यिक दृष्टि से महत्वपूर्ण अन्य एक पत्रिका 'विशाल भारत' बनारसीदास चतुर्वेदी जी के संपादकत्व में जनता तक शुद्ध सात्विक मानसिक भोजन पहुँचाने के उद्देश्य से प्रारंभ की थी। 'विशाल भारत' ने साहित्य के स्तर की रक्षा करने के उद्देश्य से अनेक साहित्यिक विवादों को जन्म दिया था। विशेषांकों की शृंखला में यह पत्रिका अग्रणी रही। सन् तैंतीस की जनवरी का 'कहानी अंक' तथा जुलाई का यात्रा अंक विशेषांकों की इन शृंखलाओं में काफी लोकप्रिय हुए। साहित्य की विभिन्न विधाओं के ऐसे स्वतंत्र विशेषांक उस विशेष को अधिक पुष्ट करने में विशेष सहयोगी रहे। 'हंस' पत्रिका का 'काशी अंक', 'आत्मकथांक', 'गंगा' पत्रिका का 'गंगांक' आदि ने भी विशेषांकों की परंपरा को आगे बढ़ाने में सराहनीय योगदान दिया है।

राहुल सांकृत्यायन, दिनकर, बालकृष्ण राव आदि अनेक साहित्यकारों की रचनाओं को प्रकाशित करने का सौभाग्य 'विशाल भारत' को प्राप्त हुआ है। इस पत्रिका के एक अंक में संपादकों पर अत्याचार विषय पर संपादकीय टिप्पणी में संपादकों की समस्याओं का रोचक ढंग से वर्णन किया गया है : "अब वक्त आ गया है जब कुछ भले आदमियों को गो रक्षा समिति की तरह संपादक रक्षा समिति बनानी चाहिए। प्रत्येक संपादक को खासतौर से हिन्दी के संपादकों की इस बात का कटु अनुभव होगा कि किस प्रकार उनके समय का दुरुपयोग किया जाता है—दिन भर का हारा थका बेचारा संपादक बैठा है उसे विश्राम की जरूरत है पर आने वालों को इससे क्या गरज? उन्हें तो अपने काम से काम। अब सचमुच समय आ गया है जबकि संपादक रक्षा समिति की तुरंत स्थापना की जानी चाहिए।"[10]

इस प्रकार यह विशाल भारत अपने युग का श्रेष्ठ साहित्यिक पत्र था। जिसमें विविध विषयों से संबंधित लेखों का प्रकाशन किया जाता था, साथ ही विदेशी साहित्य की अनूदित रचनाओं का प्रकाशन कर दूसरी भाषा एवं देश के साहित्य से भी पाठकों को परिचित कराता रहा।

बदलते परिवेश में 'हंस'

सन् उन्नीस सौ तीस ई. में बनारस से प्रेमचंद के संपादकत्व में 'हंस' का प्रकाशन हुआ।

पुरानी परंपराओं को तोड़कर नयी स्थापना करते हुए हंस साहित्य को नयी दिशा प्रदान करने का प्रयास करता रहा। जिस समय हंस का जन्म हुआ वह युग अनेक दृष्टियों से हिन्दी साहित्य और भारतीय जन जीवन में क्रांति निर्माण का युग था। देश की पराधीनता विच्छिन्न करने के लिए सारा भारतीय समाज करवट पर करवट ले रहा था।

भारत में चारों दिशाओं से नवीन युग के आह्वान का संदेश गूँज रहा था और यह क्रांतिकारी आह्वान से जागृत भारतीय जनता की आत्मा में मुक्ति आंदोलन का शुभारंभ हुआ है। इस समय मिट्टी का दीप प्रगतिशील हाथों में लेकर जन क्रांति का साहित्य देने के निमित्त 'हंस' का जन्म हुआ। 'हंस' भी स्वाधीनता के सदुद्देश्य से प्रेरित था। उसके प्रथम अंक में 'हंस वाणी' के अंतर्गत प्रेमचंद ने लिखा था : "हंस के लिए यह परम सौभाग्य की बात है कि उसका जन्म ऐसे शुभ अवसर पर हुआ है जब भारत में एक नये युग का आगमन हो रहा है जब भारत पराधीनता की बेड़ियों से निकलने के लिए तड़पने लगा है।"[11]

हंस के जन्म से भारत की मंद, शिथिल और निर्जीव जनता में महान कल्पना सत्य को पहचानने की दृष्टि, दृढ़ता से पनपी। हंस के प्रकाशन काल से ही यथार्थवाद और आदर्शवाद का एक विचित्र संघर्ष चल रहा था और इस पत्रिका ने आदर्श और यथार्थ का समन्वय किया है।

इस युग में प्रेमचंद जैसे रचनाकार जीवन की वास्तविक घटनाओं और समस्याओं को लेकर आदर्श की प्रतिष्ठा कर रहे थे। प्रेमचंद के सामने देश का वह बड़ा वर्ग–किसानों और मज़दूरों का वर्ग–जो गाँवों में बसा है। नाना यातना अंधकार और विकट समस्या वाहिनी से घिरे इस वर्ग का उद्धार-उन्नयन ही प्रेमचंद की साहित्य साधना व पत्रकारिता का एकांत उद्देश्य रहा है इसलिए हंस में प्रकाशित सामग्रियों में वर्तमान दुःख, दर्द, हार-जीत और न्याय-अन्याय की कहानियाँ महत्वपूर्ण रही हैं। प्रेमचंद जैसे लेखक समाज के व्यापक हितों को दृष्टि में रखकर सामाजिक जीवन के आदर्श स्वरूपों को अपनी कहानियों और उपन्यासों में प्रस्तुत करते रहे और यह दृष्टि प्रायः पत्रिकाओं में भी झलकने लगी। एक संपादक पत्रकार होने के नाते उनकी दृष्टि उदारवादी रही। यहाँ तक कि आप अपने विचारों के विरुद्ध व्यक्तियों की लेखनियों को भी छापते रहे। इस संदर्भ में एक बात उल्लेखनीय है : "हंस में प्रेमचंद ने पंडित नंददुलारे वाजपेयी जैसे उस समय के अपने कट्टर विचार विरोधी का ऐसा निबंध छापा था जो प्रेमचंद की प्रगतिशील परंपरा के तथाकथित उत्तराधिकारियों को निराश कर सकता था। एक नहीं उनके विरोधी रचनाओं को, विरोधी संस्कार की रचनाओं को पत्रिका में जगह दी, नये लोगों को प्रस्तुत किया, आगे बढ़ाया, उनकी दृष्टि प्रतिभा पर थी व्यक्ति पर नहीं।"[12]

आप ने कभी भी लेखकों के साथ शिष्टवत् व्यवहार नहीं किया था, वे लोगों को

रूढ़ियों से छुड़ाकर निर्बाध रूप से प्रेरणा देते रहे। प्रेमचंद ने 'हंस' में युग के अनुरूप केवल कथा शैली और रसप्रवाह आवश्यक न समझकर समाज के नैसर्गिक युग की पृष्ठभूमि पर साहित्य की मौलिक स्थापना की। उन्होंने साहित्य की प्रगति के संबंध में उदारवादी दृष्टि का कभी भी समर्थन नहीं किया। उदारता से उनका तात्पर्य सामाजिक और साहित्यिक अंधरूढ़ियों से है।

'हंस' के प्रकाशन काल के दरमियान देश में कुचक्र की दमन प्रवृत्तियों तथा अक्षम्य राष्ट्रीय बलिदान की मनोवृत्तियों में संग्राम छिड़ा हुआ था। उस समय समस्त विश्व महात्मा गाँधी द्वारा छोड़े गये स्वराज्य आंदोलन को कुतूहलता से देख रहा था, तब प्रेमचंद का मन भी इस चिंता से उभरा कि आने वाले समसामयिक साहित्य की सरस, यथार्थ अभिव्यक्ति और विचार शक्ति इतनी स्पष्ट हो जिससे आज और कल दोनों का अध्ययन किया जा सके। इसलिए हंस के मार्च सन् उन्नीस सौ तीस ई. के अंक में स्वराज्य आंदोलन के नैतिक पक्ष का समर्थन करते हुए 'स्वराज्य से किसका अहित होगा' शीर्षक कहानीनुमा की सैद्धांतिक विवेचना करते हुए 'संग्राम में साहित्य' नामक टिप्पणी में प्रेमचंद ने लिखा : "जब समाज की साधारण अवस्था होती है तब मानवता और साहित्य भी कैसे असाधारण हो सकता है। घोर संकट के अवसर पर समाज का प्रत्येक व्यक्ति जीवन में अपनी ऊँची से ऊँची पवित्रतम मनोवृत्तियों का या तो प्रयोग करता है या सिद्धांत स्थिर करता है।"[13]

प्रेमचंद के अनुसार साहित्य संसार के उज्ज्वल से उज्ज्वल रत्न की सृष्टि किसी संग्राम काल में होती है या किसी संग्राम से संबंध रखती है। साहित्यिक पत्रकारिता के क्षेत्र में 'हंस' के विशेषांक एवं पुस्तक समीक्षा स्तंभ क्रांतिकारी परिवर्तन लाने का कार्य करते रहे। प्रेमचंद जी ने हंस के पुस्तक समीक्षा स्तंभ का नाम 'नीरक्षीर' रखा था। जिसे बाद की सभी पत्रिकाओं ने आत्मसात् कर लिया था। 'नीरक्षीर' के अंतर्गत प्रेमचंद जी ने सैकड़ों नये प्रकाशित ग्रंथों की आलोचना की और हिन्दी के अनेक प्रतिष्ठित समीक्षकों से कई पुस्तकों और पत्रिकाओं की समीक्षा करवाकर प्रकाशित की। इस स्तंभ में प्रेमचंद ने कई प्रकार की आलोचनाएँ कीं—जयशंकर प्रसाद के 'कंकाल' उपन्यास के संबंध में उनकी समीक्षा दृष्टि का विचार यहाँ उचित प्रतीत होता है : "प्रसाद ने इतना सुंदर उपन्यास लिखकर इतना बीभत्स नाम रख दिया कि पहले पाठकों को एक प्रकार की अरुचि हो जाती है। वह समझने लगता है कि इसमें कोई पैशाचिक रहस्य होगा या हत्याकांड। लेकिन दिल पर सब्र करके जब वह पुस्तक उठाता है और एक परिच्छेद पढ़ जाता है तब उसे मालूम होता है कि यह तो कोई ऊँचे दर्जे की चीज़ है। पुस्तक समाप्त कर लेने पर उसके सामने 'कंकाल' का भीषण दृश्य नहीं सौरभ से भरे हुए रमणीक उद्यान का दृश्य आता है जो हृदय पर न मिटने वाला असर छोड़ जाता है।"[14]

जैनेन्द्र के 'परख' उपन्यास की समीक्षा भी नीरक्षीर स्तंभ के अंतर्गत सन् 1931

फरवरी के हंस में प्रकाशित हुई थी। इतना ही नहीं इस स्तंभ के अंतर्गत कई अज्ञात नाम से नीरक्षीर स्तंभ भी प्रकाशित होता था। 'सरस्वती' जैसी पत्रिका ने भी बाद में नीरक्षीर स्तंभ को अपनी विषयानुक्रमणिका में स्थान दिया था। इससे एक बात स्पष्ट नज़र आती है कि पूर्ववर्ती युग की अपेक्षा प्रेमचंद युग में ही साहित्यिक पत्रिकाओं में पुस्तक समीक्षा गंभीर रूप से प्रकाशित होती रही।

सन् उन्नीस सौ इकतीस ई. के फरवरी में प्रकाशित सरस्वती के अंक में नीरक्षीर का स्तंभ द्रष्टव्य होता है। इसी वर्ष जैनेन्द्र की पुस्तक समीक्षा वातायन भी सरस्वती के सितंबर अंक में प्रकाशित हुई थी।

'हंस' के अनेक विशेषांक प्रकाशित होते रहे जिनमें आत्मकथांक, काशी अंक, द्विवेदी अभिनंदनांक, कहानी विशेषांक आदि ऐतिहासिक महत्व की जानकारी देने वाली सामग्रियों से परिपूर्ण हैं। 'आत्मकथांक' का प्रकाशन सन् उन्नीस सौ बत्तीस ई. के जनवरी-फरवरी अंक में हुआ था। उस युग में आत्मकथांक की सर्वत्र प्रशंसा हुई। आत्मकथा जैसे मौलिक विषय पर विशेषांक निकालने के बारे में सोचना प्रेमचंद की दूरदर्शिता का द्योतक था। आत्मकथांक में हिन्दी चेतना को झंकृति देने वाले कवियों और साहित्यकारों ने अंतरंग और बहिरंग सामग्रियाँ प्रस्तुत की हैं। इस विशेषांक के पूर्व हिन्दी आत्मकथा के क्षेत्र में सामूहिक रूप से इतना बड़ा प्रयत्न कभी नहीं किया गया था। इस संदर्भ में हंस के इस विशेषांक पर हिन्दी की साहित्यिक पत्रकारिता का नियामक पत्रिका 'सरस्वती' की भी सम्मति देखना अत्युक्तिपूर्ण न होगा।

"हंस का आत्मकथांक निकालकर प्रेमचंदजी ने साहित्य के इस मनोरम अंक की ओर लेखकों और संपादकों का ध्यान आकर्षित किया है।"[15] हंस के आत्मकथांक में अनेक प्रतिष्ठित साहित्यकारों ने अपने जीवन की अनेक अभिव्यक्तियों को लिपिबद्ध किया है। जयशंकर प्रसाद की 'आत्मकथा' नामक जीवन अभिव्यक्ति की काव्यमय कहानी का मुद्रण इसी विशेषांक में हुआ है। प्रसादजी ने 'आत्मकथा' में कहा है : "उसकी स्मृति पाथेय बनी है थके पथिक की पंथा के जीवन को उधेड़कर देखेगे क्या मेरी कथा के छोटे से जीवन की कैसे बड़ी कथाएँ आज कहूँ; क्या यह अच्छा नहीं कि औरों की सुनता मैं मौन रहूँ। सुनकर क्या तुम भला करोगे मेरी भोली आत्मकथा अभी समय भी नहीं थकी सोयी है मेरी मौन व्यथा।"[16] प्रसाद का विश्वास था कि मन की वेदना को औरों को सुनाकर समाज से उपहास, व्यंग्य और आलोचना करवाना अनुचित है।

'जीवन सार' नाम से हंस के संपादक प्रेमचंद ने अपने व्यक्तित्व को समाज के सामने रखने का प्रयत्न किया है। उन्होंने जीवन पर अनवरत संघर्षों से आँख मिचौनी खेली है। दरिद्रता में वे पैदा हुए और आजीवन अपनी महत्वाकांक्षाओं की पूर्ति करने का जुगाड़ जुटाते हुए स्वर्गवासी हुए। उनकी ही वाणी को शब्दबद्ध करते हुए 'आत्मकथांक' में यों लिखा

है : "मेरा जीवन सपाट समतल मैदान है, जिसमें कहीं-कहीं गढ़े तो हैं पर टीलों, पर्वतों, घने जंगलों और गहरी घाटियों, खंडहरों का स्थान नहीं है। जो पहाड़ों की सैर के शौकीन हैं उन्हें तो निराशा ही होगी। मेरे पैरों में लोहे की नहीं, अष्टधातुओं की बेड़ियाँ है और मैं हर समय चढ़ना चाहता हूँ पहाड़ पर।"

प्रस्तुत उद्धरण से अपने-अपने जीवन का एक समाप्त चित्र पाठकों के समक्ष रखने का प्रयास किया है। सामाजिक जीवन के प्रति प्रेमचंद की अपनी वैयक्तिक दृष्टि थी। उन्होंने भारतीय सामाजिक जीवन की विशाल संघर्षशील अव्यवस्थाओं की भीड़ को भी अपने साहित्य में विषय बनाया है।

आचार्य शिवपूजन सहाय, रामचन्द्र शुक्ल, रायकृष्ण दास, विश्वंभरनाथ शर्मा कौशिक आदि लेखकों ने भी 'आत्मकथांक' में अपनी-अपनी भूमिका निभायी है।

विशेषांकों की इस परंपरा को आगे बढ़ाते हुए हंस का ही, दूसरा एक और विशेषांक 'काशी विशेषांक' के नाम से सन् उन्नीस सौ बत्तीस ई. में प्रकाशित हुआ। काशी विशेषांक के प्रकाशित होने से 'हंस' की विशिष्ट प्रतिष्ठा एवं प्रेमचंद की प्रशंसा समस्त हिन्दी जगत में हुई। इसमें अनेक शोधात्मक निबंधों के जरिये अनेक नूतन तथ्यों का उद्घाटन हुआ है।

इस विशेषांक का विषयगत वर्गीकरण इस प्रकार है :

1. दार्शनिक, सांस्कृतिक और ऐतिहासिक काशी।
2. साहित्यिक काशी।
3. सामाजिक और राजनीतिक काशी।
4. नूतन परंपराओं की जन्मदात्री काशी।
5. व्यवसाय और काशी।
6. कविताएँ।
7. कहानियाँ।

हंस के काशी अंक के जरिये काशी के साहित्य संबंधी परिचयात्मक सामग्रियों का संकलन प्राप्त होता है। लेकिन इसकी कमी यह है कि काशी के साहित्यकारों की साहित्यिक प्रवृत्तियों पर एक भी आलोचनात्मक लेख द्रष्टव्य नहीं है। लेकिन काशी की राजनीतिक, सांस्कृतिक गरिमा को उजागर करने लायक निबंध काशी विशेषांक में प्रकाशित हुए हैं।

श्री संपूर्णानंद कृत 'भारत में ब्रिटिश कालीन राजनीतिक जीवन में काशी का स्थान' शीर्षक निबंधकाशी के राजनीतिक जीवन का द्योतक है। ऐतिहासिक आधार ग्रहण करते हुए श्री पन्नालाल ने 'सारनाथ' नामक निबंध में सारनाथ का परिचय भी इसी विशेषांक में प्राप्त है। इसके अलावा दौलतराम शर्मा कृत काशी का 'सरस्वती भवन' देवीदत्त मिश्र का 'काशी नरेश' आदि अन्य अनेक परिचयात्मक निबंध भी काशी अंक में छपकर आये थे।

प्रसाद एवं शिवरानी देवी की दो कहानियाँ 'गुंडा' एवं 'नर्स' भी काशी विशेषांक

में प्रकाशित हुई हैं। काशी की महिमा पर चार पंक्तियाँ श्री महावीर प्रसाद द्विवेदी ने लिखी हैं जिसे काशी अंक का गौरव माना जाता है :

"यस्यां सदैव भुवनामय संस्तुनायां
विश्वेश्वरी वसति सैल सुता समेतः
काशी च सैव विव् धाधिप भक्तिभूमि
हंस श्रियं बहु विधां वितुनोतु निन्यम।"[17]

इतनी प्रौढ़ता एवं गंभीरता के बावजूद अफसोस की बात यह है कि 'हंस' के इन विशेषांकों की परंपरा को युगीन पत्रिकाओं ने पर्याप्त मात्रा में स्वीकृति नहीं दी फलस्वरूप आत्मकथा साहित्य का ह्रास धीरे-धीरे साहित्य में प्रवृत्त होने लगा।

जहाँ तक काशी विशेषांक की साहित्यिक उपलब्धियों का प्रश्न है परिचयात्मक और ऐतिहासिक होते हुए भी इसमें हिन्दी आलोचना की प्रवृत्तियों का स्वस्थ नियमन नहीं हो सका। इस संदर्भ में श्री गोविंद अक्षय की टिप्पणी विचारणीय है : "कथाकारों और कहानीकारों को स्थापित करने का जो श्रेय हंस को था अब मेरी दृष्टि में वह समाप्त हो गया है।"[18]

उपर्युक्त कथन के अनुसार सन् उन्नीस सौ सैंतीस से लेकर उन्नीस सौ सैंतालीस तक का प्रगतिशील इतिहास सुरक्षित है। स्वयं प्रेमचंद के अनुसार "हंस की मृत्यु नहीं होगी, क्योंकि वह अमृत चुगा है पर आज हंस को मोती नहीं मिल रहे हैं।" यह इस बात का सबूत है कि प्रेमचंद के संपादन के अंतिम काल तक आते-आते हंस संघर्षों से जूझ रही थी।

पत्रिकाओं की बदलती दृष्टि को ध्यान में रखते हुए बाद के संपादक राजेन्द्र यादव ने भी सतर्कता से इस हंस पत्रिका का कार्यभार सँभाला है। रूढ़िवाद, जातिवाद और अंधविश्वासों के संघर्षों के बीच से गुजरते हुए हंस पत्रिका ने कथा-साहित्य के क्षेत्र में अनेक नयी साहित्यिक धाराओं का समारंभ किया। प्रगतिवादी आलोचना को जन्म दिया। हिन्दी के लेखकों एवं पाठकों को अन्य भाषाओं के कथा-साहित्य एवं कविता-साहित्य से परिचित कराने का कार्य किया। एकांकी अंक और रेखाचित्रांक जैसे विशेषांक भी समय-समय पर हंस पत्रिका ने प्रकाशित किए हैं।

साहित्य में प्रगतिशील परंपरा को स्थान देने का श्रेय भी हंस पत्रिका को ही है। इस संदर्भ में एक उद्धरण समीचीन नज़र आता है : "From 1938 'Hans' has been a regular and ruthless advocate of progressivism in literature and politics. For fiction literature, for improving the tone of our poetry; for giving new poetry of progressive school of poets; for promoting and publishing scientific literature, it would be ever remembered."[19]

समय के अनुसार चलने वाली इस पत्रिका का प्रभाव नवलेखकों पर खूब पड़ा है। नयी साहित्यिक गतिविधियों एवं प्रवृत्तियों की एकमात्र वक्ता के रूप में हंस को ही गरिमा प्राप्त है।

'जागरण' की प्रासंगिकता

प्रेमचंद के संपादन में 22 अगस्त सन् 1932 ई. को जागरण का प्रथम अंक प्रकाशित हुआ। यह आलोचना प्रधान शुद्ध साहित्यिक और सचित्र साप्ताहिक पत्रिका थी। इसमें प्रसाद निराला, पंत और महादेवी की रचनाएँ बराबर निकलती रहीं।

प्रसाद जी का 'तितली' उपन्यास धारावाहिक रूप में जागरण में प्रकाशित होता रहा। इस प्रकार धारावाहिक रूप में लेखन की परंपरा इसी पत्रिका से प्रारंभ होती है वैसे तो इसके पहले भी एकाध पत्रिकाओं में ऐसी प्रवृत्ति नज़र आती थी फिर भी इस परिवार का प्रचुर प्रचार 'जागरण' के काल से ही प्राप्त होता है। इस पत्रिका में बहुत ही उच्च कोटि की समालोचनाएँ भी प्रकाशित होती रहीं साथ ही सामयिक पत्र-पत्रिकाओं की रचनाओं पर सारगर्भित टिप्पणियाँ भी द्रष्टव्य होती थीं।

'जागरण' सत्य स्वीकार करने में अपमान से भी नहीं डरता था और अप्रिय सत्य कहने में भी नहीं चूकता था। केवल दूसरों के दोष न देखकर अपना भी दोष स्वीकार करता था। प्रेमचंद की संपादन की छाया में निर्भीक शैली में संपादित होता रहा तथा पक्षपात से अपना दामन हमेशा बचाते रहे। इसकी नीति के अनुसार यह पत्रिका बूढ़ों में बूढ़ा जवानों में जवान तथा बालकों में बालक थी अर्थात् प्रत्येक उम्र के लोगों की रुचि के अनुसार सामग्री प्रस्तुत करने में यह पत्रिका अव्वल थी।

जागरण की संपादकीय टिप्पणी में प्रेमचंद ने बड़ी साफ भाषा में लिखा है : "समाज का दुखी दुर्बल अंश उसे सदा अपनी वकालत करते हुए पायेगा।"[20] जागरण के संपादक प्रेमचंद की यह उपलब्धि दर्प नहीं हार्दिक साथ थी जिसे पूरी करने के लिए वे निरंतर साधना सक्रिय रहे।

जागरण सबल का हितैषी था परंतु निर्बलों पर अन्याय और जुल्म सहने में असमर्थ था। समाज के दुखी और दलित वर्ग की वकालत में जागरण हमेशा आगे था। दृढ़ संकल्प के साथ सामाजिक चेतना जाग्रत करते हुए अपने युग में यह पत्रिका जनता की आकांक्षाओं का दस्तावेज साबित हुई। जब स्वतंत्रता संघर्ष अपनी जवानी पर था उस युग के समाचारों, टिप्पणियों, विचारों, लेखों और अन्यान्य सामग्रियों से परिपूर्ण, जागरण हिन्दी पत्रकारिता में राष्ट्रीय ओज का अक्षर सत्य भरने वाली पत्रिका थी।

साहित्यिक प्रयोगों का विस्तार

साहित्यिक दृष्टि से द्विवेदी युग से भी अधिक महत्ता प्रेमचंद युग को ही प्राप्त है क्योंकि प्रेमचंद काल में यह शब्द अपेक्षाकृत विस्तार से प्रयुक्त होने लगा। पूर्ववर्ती काल में शब्द एवं पद संबंधी प्रयोग न के बराबर था लेकिन प्रेमचंद काल तक आते-आते शब्दों एवं पदों का विस्तार भी मान्य होने लगा। इसका एक मुख्य कारण भाषा के क्षेत्र में हुई प्रगति ही है। भाषा को परिनिष्ठता द्विवेदी काल में पर्याप्त रूप में प्राप्त हो चुकी थी लेकिन मानकीकरण का कार्य हुआ ही नहीं था। साहित्यिक दृष्टि से देखें तो प्रेमचंद काल प्रयोगों का विस्तार काल है। प्रेमचंद युग में प्रत्येक साहित्यिक विधा को अत्यधिक परिमार्जन प्राप्त हुआ है।

वैसे तो सन् बीस से लेकर सन् छतीस-सैंतीस तक प्रेमचंद काल माना जाता है लेकिन कविता के क्षेत्र में यह लंबा अंतराल छायावाद नाम से अभिहित है। छायावादी कविताओं की वैयक्तिकता के कारण पत्रिकाओं से यह काव्य प्रकृति किंचित दूर रही फलतः प्रतिष्ठित पत्रिकाओं में काव्य संबंधी रचनाएँ कम और कथा साहित्य संबंधी रचनाएँ अधिक प्रकाशित होने लगीं। यही नहीं वामपंथी विचारधारा से युगीन पत्रिकाएँ अपने फासले बढ़ाती ही रही। किसी खेमे या दल विशेष के बल पर ऐसी किसी प्रतिष्ठित पत्रिका ने छायावाद का या प्रगतिवाद का समर्थन नहीं किया है। अपितु लघु पत्रिकाएँ इस बात को बढ़ावा देने का कार्य खूब करती रहीं।

इसके अलावा प्रेमचंद जैसे संघर्षशील लेखकों ने कथा साहित्य के क्षेत्र को पूर्वाधिक सक्षम एवं सबल बनाने का कार्य किया है इसी कारण युगीन पत्रिकाओं में कहानियाँ खूब प्रकाशित होकर आती रहीं। इस प्रकार कहानी के क्षेत्र में प्रयोगों का विस्तार होने लगा।

कहानी लेखन में नूतनता

साहित्य की गद्य विधाओं में सबसे अधिक लोकप्रिय एवं सशक्त माध्यम कहानी है। हिन्दी साहित्य में कहानी लेखन की परंपरा पहले से ही रही है, और इस विधा के विकास में हिन्दी साहित्यिक पत्रिकाओं का योगदान अविस्मरणीय है। चन्द्रधर शर्मा गुलेरी की कहानी 'उसने कहा था' प्रेमचंद की पहली कहानी 'सौत' आदि का प्रकाशन 'सरस्वती' पत्रिका में हुआ था। इसका मूल कारण उस समय की रचनाओं को प्रकशित करने का और उसमें क्रान्तिकारी परिवर्तन को दर्शाने का मुख्य माध्यम पत्रिकाएँ ही थीं।

पूर्ववर्ती युग की अर्थात्, हिन्दी की प्रमुख प्रारंभिक कहानियाँ किशोरीलाल गोस्वामी कृत 'प्रणयिनी परिणय', 'इंदुमति', माधवराव सप्रे की 'एक टोकरी भर मिट्टी', रामचन्द्र शुक्ल की 'ग्यारह वर्ष का समय', बंगमहिला कृत 'दुलाईवाली' जैसी कहानियाँ भी

सरस्वती, इन्दु आदि पत्रिकाओं में ही धारावाहिक रूप में समय-समय पर प्रकाशित हुई थीं। इन कहानियों में प्रारंभिक कहानियों की सामान्य विशेषता सीधी-सादी वर्णनात्मकता का दृष्टान्त हमें मिलता है। साथ ही साथ हल्की-सी उपदेशात्मकता भी। इनका प्रभाव भी बाद की कहानियों एवं कहानीकारों पर पड़ा है। उदाहरण के लिए सुदर्शन की प्रख्यात कहानी 'हार की जीत' में सीधी-सादी शैली का भी प्रयोग है, परन्तु थोड़ा-सा हेरफेर भी उसमें दिखाई पड़ता है। 'बाबा भारती की तरह' नबोर कहता है कि "इस घटना का कहीं वर्णन न करना क्योंकि ऐसा वृत्तान्त सुनकर यदि कोई मनुष्य सचमुच कहीं रोगी और दुःखी पड़ा हो तो लोग छल से डरकर उसकी सहायता न करेंगे, क्योंकि आदि कृपा का का करें तो कदाचित, नबोर की नाई हानि न उठावें।"[21]

उर्पयुक्त कहानियों में शिल्प का कच्चापन तो अवश्य है, भाषा की अव्यवस्था भी। लेकिन बोध के स्तर पर बहुत निराशा नहीं होती। प्रत्येक कहानी के केन्द्र में कोई विचार और संवेदना मौजूद है। इस तरह मूल्य बोध की दृष्टि से हिन्दी कहानी शुरू से समाज-संलग्नता का प्रमाण देती रही है। उसमें गलत मूल्यों का विरोध नहीं मिलता, लेकिन उनका समर्थन भी नहीं। कहानीकारों ने अप्रगतिशील और प्रतिगामी समझे जानेवाले मुद्दों को यथासंभव बचाया है।

इधर प्रेमचंद युग में कहानी लेखन में एक नया ओज नज़र आने लगता है। युगीन कहानियों में जहाँ एक ओर युग का सच्चा चित्रण है, सामाजिक, आर्थिक, राजनीतिक प्रश्नों के विश्लेषण की ईमानदार कोशिश है, वहीं दूसरी ओर प्रेम सहानुभूति, तपस्या, सेवा आदि महनीय मूल्यों का सशक्त समर्थन मिलता है। 'पंच परमेश्वर', 'सवा सेर गेहूँ', 'कफन' जैसी कहानियों में मानवीय जीवन का अवबोध अपनी विडंबनाओं के साथ चरम सीमा को छूने लगता है। इन कहानियों में प्रतिबद्धता है और उच्चतर मूल्यों की प्रतिस्थापना का परोक्ष प्रस्ताव है। प्रेमचंद ने जन साधारण के जीवन को लगभग उन्हीं की भाषा में प्रस्तुत किया है। वह हिन्दी के पहले कहानीकार हैं जिनकी कहानियों में ग्रामीण जीवन अपने समूची सत्य एवं सीमा के साथ व्यक्त हुआ है। उनके चरित्र चित्रण में भी पर्याप्त वैविध्य है। उनके अधिकतर पात्र कहीं भी अस्वाभाविक नहीं लगते और उनकी समस्याएँ आरोपित नहीं हैं।

एक ओर उनकी कहानियों में हल्कू, मैकू, घीसू, माधव आदि निम्नवर्गीय पात्र हैं तो दूसरी ओर आनन्दी, वंशीधर, जुम्मन शेख आदि मध्यवर्गीय पात्र भी विद्यमान हैं। प्रेमचंद की कहानियों में वर्णनात्मकता ज़्यादा है। अरूप शर्मा के विचार में : "इनकी प्रारंभिक कहानियाँ द्विवेदी युगीन इतिवृत्तात्मकता लिए हुए हैं, घटनाओं में बिखराव है, वर्णनात्मक और स्वयं व्याख्या करने की प्रवृत्ति है, संयोग तत्व को प्रमुखता मिली है।"[22]

लेकिन परवर्ती कहानियों में लेखकीय हस्तक्षेप कम हुआ है। सांकेतिकता, व्यंग्य

और मनोवैज्ञानिकता बढ़ी है। प्रारंभिक कहानियों में चरम सीमा के बाद भी कुछ कहने या जोड़ने की प्रवृत्ति थी, जो बाद में बहुत कम हो गई। 'पूस की रात', 'जुर्माना', 'कफन' आदि चरम सीमा के आसपास खत्म होने वाली कहानियाँ हैं।

पिछली शती या वर्तमान शती के प्रारंभिक वर्षों की हिन्दी कहानियाँ घटनाओं की नाटकीयता से ही निर्मित होती रही हैं। लेकिन वैसी कहानियों के बीच से प्रेमचंद ने ऐसी कथाशक्ति विकसित की जिसमें परिस्थितियों की सगर्भता से या चरित्र की अंतर शक्ति से ही साफ और संक्षिप्त कथावस्तु का निर्माण हुआ है।

प्रेमचंद का महत्व इस तथ्य से व्यक्त होता है कि बाद के कहानीकारों और कथान्दोलनकारों ने बराबर प्रेमचंद की चर्चा की है, और कहीं न कहीं विरासत से नाता जोड़ने का प्रयास भी किया है।

डॉ. परेश के शब्दों में, "कहानियाँ प्रेमचंद के पूर्व भी लिखी गयी हैं, किन्तु जब प्रेमचंद क्षेत्र में आये तो जैसे इनकी कहानियाँ ही कहानी की कसौटी बन गयीं। अन्य प्रकार की मनोरंजक और रोमांचकारी तत्वों से भरी हुई कहानियों को प्रेमचंद के साहित्य ने जैसे एकाएक व्यर्थ कर दिया।"[23]

कहानी लेखन में इस प्रकार के क्रांतिकारी परिवर्तन स्वयं उनकी ही कहानियों में नज़र आते हैं। प्रेमचंद जी की आदिकालीन कहानियों में स्थूल कथात्मकता एवं पुरातन आदर्श जोरों पर था। उदाहरण के लिए 'पंच परमेश्वर', 'बड़े घर की बेटी', 'नमक का दारोगा' आदि कहानियाँ पुराने आदर्श एवं स्थूल कथात्मकता को दर्शाती हैं। लेकिन 'मैकू', 'शंखनाद', 'सेवामार्ग' आदि कहानियों में इनसे हटकर यथार्थ को संकेत और विश्लेषण के स्तर पर प्रस्तुत करने का प्रयास दिखाई पड़ता है। इन कहानियों में चरित्रों के चित्रण में मनोवैज्ञानिक सूक्ष्मताओं का समावेश भी खूब नज़र आता है। कहानी को परिभाषित करते हुए स्वयं प्रेमचंद ने लिखा है : "सबसे उत्तम कहानी वह होती है जिसका आधार किसी मनोवैज्ञानिक सत्य पर हो।" प्रेमचंद के अनुभव का दायरा संकीर्ण नहीं था, इसलिए चरित्र चित्रण में भी पर्याप्त वैविध्य है।

प्रेमचंद की कहानियों का कथानक साफ और एकतान होता है। 'पूस की रात' शीर्षक कहानी के कथानक में कहीं कोई नाटकीयता नहीं, घटना वैचित्र्य नहीं, कहीं कोई संयोग नहीं है। वह एक सहज विकास और उससे उत्पन्न एक संपूर्ण जीवनपद्धति की निरर्थकता की संवेदना है। ऐसे सरल कथानक को लेकर ऐसी संवेदनशील कहानी में अप्रस्तुत के प्रयोग से अभिव्यंजना शक्ति को भी प्रेमचंद ने आगे बढ़ाया है। 'पूस की रात' से एक पंक्ति उदाहरणार्थ प्रस्तुत है–"हल्कू ने रुपये लिये और इस तरह बाहर चला मानो अपना हृदय निकालकर देने जा रहा हो।" ठीक इसी प्रकार 'शतरंज के खिलाड़ी' की एक पंक्ति को भी लिया जा सकता है–"और हुक्का तो किसी प्रेमी के हृदय की भाँति नित्य जलता

ही रहता था।" उपर्युक्त प्रयोग अप्रस्तुत चरित्रों की मानसिकता और स्थितियों की गंभीरता को भली भाँति प्रस्तुत करता है।

प्रेमचंद की कहानियों के कथानक स्थैर्य के अंतरंग में जो गति है, जो सहज अनुभूति और संवेदनीयता है वह उनके कथानकों से विकसित होती है। विचारों के बहिरंग ढाँचे से नहीं। प्रेमचंद अपनी कथाशक्ति का प्रयोग निरंतर नये प्रभाव उत्पन्न करने की दिशा में करते रहे। कभी-कभी उनकी कहानियों में कथानक से भी अधिक प्रभाव का आग्रह दीख पड़ता है। 'जुलूस', 'आत्माराम', 'नशा' आदि कहानियाँ उदाहरण के तौर पर प्रस्तुत की जा सकती हैं। प्रेमचंद की इस विशेष रुचि को उनके समकालीन लेखकों ने और अधिक खींचा है। सुदर्शन, विश्वंभरनाथ शर्मा कौशिक, चण्डी प्रसाद हृदयेश और जयशंकर प्रसाद में प्रभाव की तीक्ष्णता के लिए कथानक की संभावनावों का अतिक्रमण नज़र आता है। सुदर्शन की कहानी 'हार की जीत', कौशिक की 'ताई', प्रसाद का 'आकाशदीप' आदि उदाहरणार्थ दी जा सकती हैं।

डॉ. नन्ददुलारे वाजपेयी ने प्रेमचंद की कहानियों पर टिप्पणी करते हुए लिखा है : "आरंभिक कहानियाँ अधिकतर लंबी और वर्णनात्मक हैं, जबकि बाद की कहानियाँ अधिक गठी हुई, संक्षिप्त तथा नाटकीय प्रभाव से संपन्न हैं।"[24]

प्रेमचंद कहानियों में पूर्वदीप्ति, विश्लेषण, स्वप्नचित्र आदि अनेक पद्धतियों को अपनाते हैं। कुल मिलाकर उनकी कथन भंगिमा का रूप आत्मीय, सहज और संप्रेषणीय है। प्रेमचंद की सफलता और लोकप्रियता का महत्वपूर्ण आधार उनकी भाषा है जो जन जीवन से जुड़ी हुई है। रामदरश मिश्र ने कहानियों के शिल्प की चर्चा करते हुए लिखा है : "उसकी भाषा, उसके शब्द, प्रतीक, मुहावरे, वाक्यविन्यास, व्यंग्यवक्रता, कथन भंगिमा, सभी हमारे परिचित समाज के बीच के हैं।"[25]

प्रेमचंद की कहानी 'सद्‌गति' में गौड़ के कथन में उसके वर्गीय स्तर की भाषा के साथ उसके अनुभव का ताप भी खुला हुआ है। "पचने को पच जायेगी, पहले मिले तो। मूँछों पर ताव देकर भोजन किया और आराम से सोये, तुम्हें लकड़ी फाड़ने का हुकुम लगा दिया, जमींदार भी कुछ खाने को देता है, हकीम भी बेगार लेता है। तो थोड़ी बहुत मजूरी देता है। पर उससे भी बढ़ गये, उस पर धर्मात्मा बनते हैं।"

इसी कहानी में 'कारपरोजन', 'चमरौन', 'साइन' आदि शब्द साधारण भाषा के रहे हैं। उनकी कहानियों में उर्दू और हिन्दी दोनों भाषाओं की विशेषताओं से युक्त भाषा के दर्शन होते हैं। वे बोलचाल की भाषा को साहित्यिकता प्रदान करने में समर्थ थे। जहाँ भाषा का परिपक्व अनुभव बोलता है वहाँ कथन सूक्ति का रूप ले लेता है। 'बड़े भाई साहब' की दो पंक्तियाँ उदाहरण के रूप में प्रस्तुत हैं : "आदमी जो कुकर्म चाहे करें, पर अभिमान न करे घबराए नही, अभिमान किया और दीन दुनिया दोनों से गया।" पंच

परमेश्वर से एक उद्धरण भी यहाँ समीचीन नज़र आता है–"दोस्ती के लिए कोई अपना ईमान नहीं बेचता, पंच के दिल में खुदा बसता है।" प्रेमचंद युग की कहानियों की भाषा में अलंकरण और काव्यात्मकता भी दिखाई पड़ते हैं। हृदयेश की कहानी 'विसर्जन' की दो-तीन पंक्तियाँ इस बात का स्पष्टीकरण देती हैं–"सामने, स्वच्छ सलिला, गोमती भगवती करुणा की शीतल रस धारा के समान मंद मंथर गति से प्रवाहित होती हुई अपनी प्रियतम के पास चली जा रही थी, और उसके पीछे हरे खेतों की अभिनव शोभा के साथ सान्ध्य गगन की सप्तराग रंजित सुषमा गले मिल रही थी।"

भाषा में अलंकरण हृदयेश की कहानियों का विशेष गुण है। संस्कृतनिष्ठ शब्दावली और लंबे वाक्य कहीं-कहीं उनकी कहानियों की सीमा बन गयी है।

अतः कहा जा सकता है कि कहानी लेखन में भाषा, शिल्प आदि सभी दृष्टियों से प्रेमचंद काल नूतनता से ओतप्रोत था। प्रेमचंद के समकालीन कहानीकारों में हिन्दी कहानी को यथार्थवादी रूप प्रदान किया है। इस यथार्थवाद के इर्दगिर्द कहीं आदर्श की झांकियाँ ही मिल जाती हैं। इस युग की कहानियों में विचार और शिल्प के स्तर पर इतनी विविधता नज़र आती है कि कहानी की बाद की सभी प्रवृत्तियों के बीज इनमें आसानी से ढूँढ़े जा सकते हैं।

पत्रिकाओं में मानक हिन्दी का विकास

मानक हिन्दी का विकास अचानक होने वाली कोई बात नहीं द्विवेदी युग से लेकर आज़ादी प्राप्ति तक के काल में प्रयुक्त भाषा का धरोहर इसके पीछे विद्यमान है। वस्तुतः भाषा का मानक रूप वह परिनिष्ठित भाषिक स्वरूप है जिसे उचित मानकर स्थायी स्वरूप प्रदान करने का प्रयत्न किया जाता है। उसका वही स्वरूप समाज क्षेत्रों, शिक्षण, संचार माध्यम, सरकारी कामकाज आदि में प्रयुक्त किया जाता है। भाषा की बोलियों में से जब कोई बोली शिक्षित लोगों के मुख्य क्षेत्र-नगर-शिष्ट सामाजिक वर्ग की भाषा के पद पर प्रतिष्ठित हो जाती है तब वह भाषा मानक भाषा की संज्ञा से अभिहित की जाती है। सामान्य रूप से कहा जाय तो समाज के मानक वर्ग की भाषा मानक भाषा है।

इस संदर्भ में भोलानाथ तिवारी की परिभाषा संदर्भानुकूल प्रतीत होती है : "मानक भाषा किसी भाषा के उस रूप को कहते हैं जो इस भाषा के पूरे क्षेत्र में शुद्ध माना जाता है तथा जिसे उस प्रदेश का शिक्षित और शिष्ट समाज अपनी भाषा का आदर्श रूप मानता है और प्रायः सभी औपचारिक परिस्थितियों में, लेखन में, प्रशासन और शिक्षा के माध्यम के रूप में यथा साध्य उसी का प्रयोग करने का प्रयत्न करता है।"[26]

प्रेमचंदकालीन पत्रकारिता ने हिन्दी भाषा के विकास में पर्याप्त योगदान दिया है; युगीन पत्रकारों ने ही हिन्दी को राष्ट्रवाणी का रूप दिया है। इस समय का कोई आंदोलन

ऐसा नहीं हुआ जो पत्र-पत्रिकाओं से अछूता रहा हो। हिन्दी काव्य साहित्य की अनेक प्रवृत्तियाँ पत्र-पत्रिकाओं के ही माध्यम से देश के कोने-कोने में फैली हैं। यह पत्रिकाओं के ही प्रयत्न से संभव है कि हिन्दी न केवल शब्दवाणी बनी, प्रत्युत जनवाणी, मनवाणी और विश्ववाणी बन रही है। इस संदर्भ में स्मरणीय है कि सन् उन्नीस सौ बीस का कलकत्ता कांग्रेस अधिवेशन हिन्दी पत्रकारिता के उन्नयन की दृष्टि से अत्यंत महत्वपूर्ण था। इस अधिवेशन में हिन्दी की चर्चा राष्ट्रभाषा के रूप में होने लगी।

हिन्दी भाषा के प्रति मासिक 'श्री शारदा' ने आगामी कांग्रेस में हिन्दी शीर्षक के अंतर्गत यह प्रतिपादन किया था कि हिन्दी एक ऐसी भाषा है जिसके द्वारा कांग्रेस का संदेश गाँव-गाँव के किसानों तक पहुँच सकता है और इसलिए प्रत्येक कार्यवाही हिन्दी में होनी चाहिए। टिप्पणी में लिखा था : "कांग्रेस के पैंतीसवां अधिवेशन नागपुर में, राष्ट्रभाषा के प्रसंग में विशेष चर्चा होना स्वाभाविक था। गाँधीजी ने कांग्रेस में हिन्दी का सूत्रपात किया था और उनके बाद अन्त नेताओं ने। अनेक बार कांग्रेस ने हिन्दी पर ध्यान दिया। राष्ट्रभाषा हिन्दी की शरण में जाकर कांग्रेस अपने अस्तित्व को सार्थक करेगी।

नागपुर अधिवेशन मध्य प्रांत का अधिवेशन था। अतः यह अपेक्षा सर्वथा स्वाभाविक था कि अधिकांश भाषण केवल राष्ट्रभाषा में ही होंगे। अपितु प्रचार का सारा कार्य भी आदि से अंत तक हिन्दी में ही संपन्न होगा। अपशकुन तब शुरू हुआ जब मराठी तथा हिन्दी में संघर्ष के कारण अंग्रेज़ी को प्राथमिकता मिल गयी। इसलिए कार्यकारिणी समिति की कार्यवाही अंग्रेज़ी में हुई और प्रस्ताव भी अंग्रेज़ी में पारित हुए। मध्य प्रांत में आकर कांग्रेस जिस जनता को अपना संदेश सुनाना चाहती है वह जनता हिन्दी के द्वारा जितनी अधिक जीवित बनाई जा सकती थी उतनी अंग्रेज़ी अथवा मराठी के द्वारा नहीं। लोकमान्य तिलक तथा गाँधीजी हिन्दी के पक्षधर रहे हैं। बड़े-बड़े नेता हिन्दी को अपनाने और कांग्रेस को अंग्रेज़ी से यथाशक्ति बहिष्कृत करने के पक्ष में हैं। सच्ची सफलता की पहली सीढ़ी राष्ट्रभाषा हिन्दी का व्यवहार ही था।"[27] मासिक 'विकास' में गाँधीजी द्वारा लिखित अंग्रेज़ी भाषा का कुप्रभाव शीर्षक लेख भी जनजीवन से उद्धृत किया गया है : "यदि अपने देश के बालकों में राष्ट्रीयता का भाव कायम रखना है तो यह बात स्वयं सिद्ध है कि ऊँची से ऊँची शिक्षा भी बालकों को देशी भाषा में मिलनी चाहिए।"[28]

यह प्रत्यक्ष बात है कि यदि नवयुवकों में राष्ट्रीयता की भावना पैदा करनी है और उसका संबंध यदि जनता से बनाए रखना है तो शिक्षा का माध्यम ऐसी भाषा होनी चाहिए, जिसे उस जाति का अधिक समुदाय बोलता है।

मासिक विकास ने राष्ट्रीय भाषा की कविताओं के माध्यम से भी लोगों को स्वाधीनता एवं राष्ट्रीयता के लिए प्रेरित किया। तुलीराम की कविता स्वाधीनता इसका एक उदाहरण है :

"हे देवी स्वाधीनता कहाँ गई तू आज
तेरे सुत हम रो रहें, तुम देखन के काज
....
चाहत जो भारत सुखी भारत वीर! समस्त!
भजी देवी स्वाधीनता करो अनयमति अस्त।"[29]

इस प्रकार प्रेमचंद युग में हमेशा भाषा की ओर झुकाव ज़्यादा नज़र आता है युगीन पत्रकार इस बात से अवगत थे कि स्वाधीनता संग्राम में जनता का उत्साहवर्द्धन करने के लिए भाषा ही एक सशक्त माध्यम है। इसलिए हिन्दी भाषा को पत्रिकाओं ने बहुत आगे बढ़ाया है।

मानकीकरण

किसी प्रदेश की बोली परिनिष्ठित रूप के कारण मानक मान ली जाती है तो आसपास की बोलियाँ अपनी छोटी-छोटी विशेषताएँ खो बैठती है। भारत की भाषा हिन्दी राजभाषा घोषित होने के अनन्तर हिन्दी का मानक रूप अधिक स्थिर एवं सर्वमान्य बनने लगा। इसका तात्पर्य यह नहीं है कि स्वतंत्रतापूर्व इस ओर प्रयास ही नहीं था। यह प्रक्रिया असल में बहुत पहले से ही चल रही थी। लेकिन एक प्रमुख बात यह थी कि मानक का रूप अस्थिर होने के कारण औपचारिक रूप में जहाँ मानक भाषा का प्रयोग होता था वहाँ अनौपचारिक रूप में संकर भाषा एकदम आ जाती थी। जैसे अंग्रेज़ी, उर्दू आदि भाषाओं का शब्द अचानक लेखनी एवं बोली में प्रवेश करना इस अनौपचारिकता का दृष्टांत है।

मानकीकरण से यहाँ तात्पर्य सामाजिक प्रतिष्ठा के साथ उच्चस्तरीय एकरूपता लाना और भाषा सीखते समय व्यवहार में लाने के लिए कोई व्याकरणिक और कोशगत को स्थान देना है। सामान्य रूप से कहा जाए तो समाज की मानक वर्ग की भाषा ही मानक भाषा है।

हॉगन जैसे प्रमुख पाश्चात्य विद्वान ने मानकीकरण के चार सोपान माने हैं : चुनाव, संसजन, प्रयोग और स्वीकृति। इसी प्रकार The language factor in national development नामक किताब में श्री फर्ग्यूसन ने मानकीकरण एवं लेखन भी दो आयामों के आधार पर मानक भाषा को दिखाने की कोशिश की है।

आधुनिक हिन्दी के भाषाविद् डॉ. कैलाश चन्द्र भाटिया ने मानकीकरण को तीन और लेखन को चार बिंदुओं के आधार पर नापने का प्रयास किया है। उनके अनुसार मानकीकरण के तीन सोपान क्रमशः शून्य, एक, दो हैं।

"शून्य -0- मानकीकरण का अर्थ है कि भाषा का प्रयोग सामान्य व्यवहार तक सीमित

है तथा शून्य लेखन इंगित करता है कि भाषा का लिखित रूप में प्रयोग नाम मात्र को है।

एक -1- सूचित करता है कि भाषा के एक से अधिक मानक रूप हैं तथा लेखन एक का अर्थ है कि भाषा का प्रयोग समस्त सामान्य लिखित कार्यों में होता है।

दो -2- मानक भाषा के एक, रूप को इंगित करता है जो रूप सामान्य परिवर्तनों के साथ समस्त व्यवहारों में प्रयुक्त होता है। तथा लेखन दो इंगित करता है कि भाषा का प्रयोग विभिन्न वैज्ञानिक रचनाओं तथा शोध कार्य के लिए हो रहा है। इसमें ही बिंदु तीन इस बात को सूचित करता है कि मानक भाषा की वैज्ञानिक रचनाओं का अन्य भाषाओं में अनुवाद हो रहा है।"[30]

उपर्युक्त विशेषताओं के आधार पर हिन्दी का मूल्यांकन करने से ज्ञात होता है कि हिन्दी मानकीकरण के बिंदु एक पर पहुँची है जब इसके एक से अधिक रूप (साहित्यिक हिन्दी एवं उर्दू) प्रयुक्त हो रहे हैं। मानकीकरण की दृष्टि से उसे एक कदम और बढ़कर बिंदु दो तक पहुँचना है जब सामान्य परिवर्तनों के साथ ही उसका एक रूप सर्वत्र प्रयुक्त होने लगेगा। लेखन की दृष्टि से हिन्दी बिंदु दो तक पहूँच चुकी है अर्थात् उसमें न केवल विभिन्न वैज्ञानिक विषयों का अनुवाद हो रहा है बल्कि उसमें मौलिक वैज्ञानिक साहित्य की रचना भी हो रही है तथा उसका प्रयोग शोध कार्य में भी हो रहा है। लेखन की दृष्टि से ही हिन्दी को एक और कदम आगे बढ़कर बिंदु तीन तक पहुँचना है फिलहाल एक हद तक हिन्दी इस बिंदु को भी पार कर चुकी है।

इस प्रकार हिन्दी मानकीकरण की अनेक दिशाओं से आगे बढ़ रही है परन्तु मानकीकरण की भी एक सीमा है उसके जरिये किसी भाषा या बोली को पूर्णतः एक रूप नहीं बनाया जा सकता जिसे सदा के लिए सभी तरह के बोलने वालों पर आरोपित किया जा सके। एकरूप, वर्तनी, व्याकरण और शब्दकोश से युक्त किसी भाषा की पूर्ण मानकता संभवतः कभी नहीं हो सकती है।

वैसे तो इस ओर भारतेंदु और द्विवेदी के काल से ही प्रयास जारी है लेकिन वे कुछ अनुपेक्षणीय सावधानियों को अनदेखा कर देने के कारण इस ओर पूर्ण सफलता हासिल नहीं कर सके। लेकिन प्रेमचंद इन सावधानियों के प्रति सतर्क साबित हो सके हैं। प्रेमचंद युग में मानकीकरण एवं मानक हिन्दी का विकास पर्याप्त मात्रा में हुआ है। यहाँ डॉ. हरदेव बाहरी की मानक भाषा संबंधी परिभाषा युक्तिसंगत नज़र आती है : "मानक या आदर्श का जो चयन होता है उसे समाज द्वारा विशेषतः शिक्षित समाज द्वारा स्वीकृत होना चाहिए, बोलचाल में और लिखित में भी लिखित रूप अधिक महत्वपूर्ण होता है क्योंकि इसमें समानता और एकरूपता का निर्वाह भली भाँति हो सकता है।"[31]

प्रेमचंद इस तत्व को खूब पहचानते थे और आपने अपनी रचनाओं में भाषिक पक्ष पर खूब जोर देने का कार्य किया है। उन्होंने स्वयं लोक व्यवहार की भाषा–जन भाषा

को साहित्य में स्थान दिया साथ ही साथ मानकता लाने के लिए माध्यम मार्ग अपनाया जिससे भाषा एकरूपता (संरचना) एवं बहुरूपता (प्रयोग) के दोहरे लक्ष्य को प्राप्त करने में सफल हुए।

भाषा की परिवर्तनशीलता के कारण स्वतंत्रता प्राप्ति के पश्चात् भी इस ओर काफी प्रयास जारी है। आज़ादी के पश्चात् हिन्दी को संवैधानिक मान्यता जबसे प्राप्त हुई तब से मानक हिन्दी की आवश्यकता और अधिक गहरी होती गई तथा लोगों का ध्यान इस ओर अधिक केंद्रित होने लगा।

डॉ. कैलाश चन्द्र भाटिया जैसे भाषाविद् के अनुसार भौगोलिक स्थिति, राजनीतिक प्रमुखता, साहित्यिक श्रेष्ठता, जनसंख्या की अधिकता, शिक्षा तथा धार्मिक आस्था और सामाजिक मान्यता आदि कुछ ऐसे तथ्य हैं जो किसी भी बोली को मानक भाषा बनने के लिए समर्थन प्रदान करते हैं।

संवैधानिक शक्ति को प्राप्त करने के बावजूद भी भाषा में जिस जीवंतता का विधान होना चाहिए था उतना हो पाया है या नहीं यह संदेहास्पद है। परिणामस्वरूप हिन्दी भाषा में जनजीवन की अस्मिता का बोध विकसित नहीं हो पाया। दूसरा पक्ष यह कि रचना की भाषा के रूप में प्रचलित प्रामाणिक हिन्दी अपना मानक रूप अर्जित करने की प्रक्रिया में अपने जनपदीय मूल से विच्छिन्न हो गयी है इसलिए उसका स्वरूप औपचारिक हो गया है। हिन्दी को अपनी आस्मिता की खोज अपनी मातृबोली में करनी है लेकिन फिलहाल भाषा, अंग्रेज़ी की भूमण्डलीय छवि से आतंकित सी नज़र आती है। नतीजा यह निकलता है कि मानक हिन्दी सर्व स्वीकार्य हिन्दी नहीं रह गयी, हिन्दी क्षेत्र की बहुसंख्यक आबादी या तो जनपदीय प्रभावों से युक्त हिन्दी बोलती है अथवा अंग्रेज़ी मिश्रित।

निष्कर्ष

संक्षेप में यह कहा जा सकता है प्रेमचंद युग में दिखाई पड़नेवाली साहित्यिक पत्रकारिता का स्वरूप समय सापेक्ष होता हुआ कई आयामों से जुड़ कर परिवर्तित होता रहा। जिस साहित्यिक भाषा और जिस रचना शैली का विधान आज हो रहा है उसके पीछे सैकड़ों वर्षों की प्रयत्नशीलता और वैचारिक बिंदुओं में आनेवाले परिवर्तन काम करते रहे हैं। प्रेमचंद से लेकर पूर्वस्वतंत्रता युग तक जो रचनाधर्मिता और संपादकीय कर्मशीलता प्रवृत्तमान रही है इससे साहित्यिक पत्रकारिता को बढ़ावा तो मिला है साथ ही मानक भाषा की तलाश और नयी प्रयोगधर्मिता की चाह ने काफी धक्का भी पहुँचाया। प्रेमचंद की जनभाषा परिणामस्वरूप कहानियों से ओझल हो गयी और ऐसी भाषा-शैली का प्रणयन होने लगा जो कहानी के स्वरूप के ही खिलाफ है। इन सब कमियों के बावजूद साहित्यिक पत्रकारिता अपनी नयी रूपरेखा की तलाश में सफलता हासिल करती है।

संदर्भ

1. हिन्दी पत्रकारिता प्रेमचंद और हंस, डॉ. रत्नाकर पाण्डेय, पृ. 31
2. समाचार पत्रों का इतिहास, अंबिका प्रसाद वाजपेयी, पृ. 350
3. पत्रकारिता का इतिहास एवं जनसंचार माध्यम, डॉ. संजीव भानावत, पृ. 114
4. माधुरी, जुलाई 1922, पृ. 22
5. मर्यादा, 1992
6. The Rise and growth of Hindi Journalism, Dr. Ramratan Bhatnagar, p. 309
7. मतवाला, सितंबर 1923, मतवाला का चाबुक, पृ. 12-13
8. मतवाला, हिन्दी साहित्य बंगीय भूमिका, पृ. 271
9. वही
10. विशाल भारत, संपादकीय टिप्पणी
11. हंस, प्रथम अंक-1930, पृ. 63-68
12. पत्रकारिता का इतिहास और प्रश्न, कृष्णबिहारी मिश्र, पृ. 79
13. हंस, जुलाई 1930, पृ. 25
14. हंस, नीरक्षीर, 1930, पृ. 62
15. हंस, जनवरी-फरवरी 1932, पृ. 167, आत्मकथांक
16. वही, पृ. 161
17. हंस, काशी अंक, पृ. 1
18. हंस पत्रिका पर व्याख्यान माला संगोष्ठी से
19. The Rise and growth of Hindi Journalism, Dr. Ramratan Bhatnagar, p. 309
20. पत्रकारिता का इतिहास और प्रश्न, कृष्णबिहारी मिश्र, पृ. 79
21. हिन्दी कहानी के सौ वर्ष, डॉ. वेदप्रकाश अमिताभ, पृ. 18
22. प्रेमचंद : व्यक्तित्व और रचनादृष्टि, सं. दयानंद पांडे, पृ. 135
23. हिन्दी कहानी के सौ वर्ष, डॉ. वेदप्रकाश अमिताभ, पृ. 18
24. हिन्दी कहानी : प्रक्रिया और पाठ, सुरेन्द्र चौधरी, पृ. 29
25. हिन्दी क़हानी : एक अंतरंग पहचान
26. भाषा, 1992, पृ. 12
27. श्री शारदा, मार्च 1920, पृ. 187-88
28. विकास, अगस्त 1929, पृ. 233
29. मासिक विकास, सं. कुलदीप सहाय, जनवरी 1921, पृ. 283
30. हिन्दी भाषा : स्वरूप और विकास, कैलाश चन्द्र भाटिया, पृ. 77-78
31. भाषा, मार्च-अप्रैल 1996, पृ. 50

चौथा अध्याय

स्वातंत्र्योत्तर रचना विधान और मानक साहित्यिक पत्रिकाएँ

स्वतंत्रता प्राप्ति के साथ भारतीय जन जीवन में जो समूल परिवर्तन आए उनका प्रभाव लेखन के क्षेत्र में भी स्पष्ट नज़र आने लगता है। इस लेखनीय परिवर्तन का संबंध केवल साहित्यिक रचनाओं के साथ मात्र नहीं अपितु समूची पत्रकारिता और ज्ञान विज्ञान के क्षेत्र से भी रहा है। परिणामस्वरूप नये भारत की निर्माण के लिए एक नयी शुरुआत का बोध लेकर पत्रकार की रचनाधर्मिता करवटें बदलने लगी। वैसे देश विभाजन की स्थितियों ने प्रारंभिक चरण में जो अव्यवस्था का विधान किया था उसके काले धब्बे तो पूरी तरह से नहीं मिट पाये थे, परंतु दिशा की खोज ने साहित्यिक पत्रकारिता को, लेखन की अभिरुचि को और जन मानस को, नया मोड़ प्रदान करना चाहा। संक्रमण काल की अनिश्चित स्थिति की समाप्ति के साथ साहित्यिक पत्रकारिता में नया उन्मेष जाग्रत होने लगता है।

स्वातंत्र्योत्तर काल की साहित्यिक पत्रिकाओं के संपादन में अनेक प्रकार के परिवर्तन दृष्टिगत होने लगे। उनमें सबसे प्रमुख तथ्य उनकी श्रेणीबद्धता है। एक ही पत्रिका में साहित्य से लेकर ज्योतिष तक के विषयों को प्रस्तुत करने की जो पुरानी परिपाटी थी उसको तिलांजलि देना संपादकों ने उचित माना। संपादक अपनी-अपनी श्रेणी के पाठकों की तलाश में निकल पड़े और पाठक की अभिरुचि के अनुसार पत्रिका को नया रूप देना उचित मानने लगे। यहाँ से शुद्ध साहित्यिक, अर्ध-साहित्यिक और व्यावसायिक पत्रिकाओं की अलग-अलग श्रेणियाँ जन्म लेने लगती हैं। विषय के अनुकूल, पाठकों की अभिरुचि के अनुकूल और उनके मानसिक स्तर के अनुकूल पत्रकारिता को नये-नये मोड़ों से गुजरना पड़ा। इस तरह स्वतंत्रता प्राप्ति के प्रथम दो-तीन दशकों के अंदर हिन्दी क्षेत्र में श्रेणीबद्ध पत्रिकाओं का विकास होने लगा। पाठकों की संख्या में होने वाली वृद्धि ने इस श्रेणीबद्धता के व्यावसायिक पक्ष को भी समर्थन प्रदान किया। इस प्रकार एक बड़े व्यवसाय के रूप में भी श्रेणीबद्ध साहित्यिक, अर्ध-साहित्यिक और व्यावसायिक पत्रकारिता का विकास होने लगा।

सामान्य रूप से स्वातंत्र्योत्तर युगीन पत्रिकाएँ दैनिक जीवन की गतिविधियों, राजनीतिक घटनाचक्र एवं सामाजिक जीवन के विविध पक्षों को प्रस्तुत करती रही हैं। स्वतंत्रता प्राप्ति के पश्चात् हिन्दी पत्र-पत्रिकाओं के प्रकाशन की होड़ और भीड़ सी लग गयी है। इतिहास के इस कालखंड में पत्र-पत्रिकाओं का विवेच्य और उद्देश्य पूर्णतः विषयानुकूल एवं पृथक हो गया था। प्रत्येक पत्र-पत्रिका अपना क्षेत्र और उद्देश्य पत्र के मुखपृष्ठ या अंत पृष्ठ पर स्पष्ट करने के लिए बाध्य हो गयी। भारतीय भाषा परिषद की पत्रिका 'वागर्थ' का साहित्य अंतःसंबंध विशेषांक में मुखपृष्ठ पर ही इस अंक का उद्देश्य स्पष्ट किया है—"भूमंडलीकरण और मीडिया"—युग का ही प्रताप है कि सभी जगह अंतःसंबंधों की ज़रूरत समझी जाने लगी है। यही कारण है कि उसने हमारे समय की केन्द्रीय अवधारणा का रूप ले लिया है।

साहित्य को लेकर अंतःसंबंधों की चर्चा 'साहित्य' तक सीमित नहीं रहती, वह एक बहाना बनाती है उन संबंधों पर विचार करने का, जिन्हें हमारे देश-काल-समाज और वस्तुओं ने बनाया है। इसी माने में साहित्य चीज़ों को एक दृष्टि तक अर्थ देता है, और ज़रूरत पड़े तो हस्तक्षेप भी करता है।

इसी अभिप्राय से भारतीय भाषा परिषद ने साहित्य के अंतःसंबंधों पर एक राष्ट्रीय परिसंवाद आयोजित किया था, जिसमें अनेक भाषाओं के प्रतिष्ठित लेखकों और चिंतको ने भाग लिया था। उनके विचार 'वागर्थ' के पाठकों तक पहुँचाने के दौर में लगा कि कुछ महत्वपूर्ण पक्ष छूटे जा रहे हैं, जिन्हें शामिल करना चाहिए ताकि यथासंभव समग्रता में यह सोच उभर सके।[1]

इस काल के दैनिक और साप्ताहिक पत्र राजनीतिक-सामाजिक-धार्मिक एवं साहित्यिक प्रवृत्तियों की, घटनाओं की सम्यक सूचना देते नज़र आते हैं। विषयानुरूप प्रकाशित एवं उपलब्ध साहित्य की सम्यक् जानकारी इस काल के पत्रों में भली प्रकार उपलब्ध हो जाती है।

कुछ पत्र-पत्रिकाओं को छोड़कर शेष सभी पत्रिकाओं में साहित्य संबंधी प्रवृत्यात्मक, उपलब्ध्यात्मक अथवा घटनात्मक और समीक्षात्मक जानकारी छपती रही है। उदाहरणार्थ आजकल, भाषा, समीक्षा, दस्तावेज जैसी पत्रिकाएँ साहित्यिक होते हुए भी अंतःसंबंधों की रीति को स्पष्ट किया है। स्वातंत्र्योत्तर रचनाविधान में कालोपयोगी, किशोरोपयोगी, महिलोपयोगी, फिल्म संबंधी, विज्ञान और कृषि संबंधी प्रभूत सामग्री भी पत्र-पत्रिकाओं में नज़र आती है।

स्वतंत्रता के पश्चात् हर क्षेत्र को प्रमुखता देनेवाले पत्रों का प्रकाशन हुआ और स्वातंत्र्योत्तर काल में लोकतांत्रिक ढाँचे की परिकल्पना के अनुरूप संविधान में अभिव्यक्ति की स्वतंत्रता के समावेश द्वारा पत्र-पत्रिकाओं के विकास-पथ की राजनीतिक-आर्थिक तथा

अन्य बाधाएँ क्रमशः दूर होती गयीं। फलस्वरूप नये पत्रों के जन्म के साथ नूतन रचना विधान का मार्ग भी प्रशस्त होता गया।

स्पष्टतः स्वाधीनता के प्रथम दशक में ही राष्ट्र के जन जीवन में राजनीतिक, आर्थिक, साहित्यिक तथा सामाजिक चिंतन की नूतन धारा प्रवाहित हुई। राष्ट्र के नवनिर्माण तथा मुख्य-चिंतन धारा में अधिकाधिक लोगों को सम्मिलित करने के सशक्त माध्यम के रूप में समाचार-पत्र एवं पत्रिकाओं की भूमिका उत्तरोत्तर महत्वपूर्ण होती गयी।

उदाहरण के तौर पर राजनीतिक चेतना से ओतप्रोत पत्रिकाओं की श्रेणी में आने वाली पत्रिकाएँ जैसे—कर्मयोगी, मर्यादा, प्रभा, नृसिंह, सुधा, मतवाला, जागरण, हिन्दी नवजीवन, कर्मवीर आदि की भूमिका सराहनीय है।

पराधीन भारत में ब्रिटिश शासक पत्र-पत्रिकाओं पर अपने कठोर अंकुश से जनता की आवाज़ को बंद करते रहे, जबकि स्वाधीन भारत की परिवर्तित स्थितियों व आवश्यकताओं के अनुरूप पुरानी खाइयों को पाटने तथा जनता और सत्ता को परस्पर निकट लाने की भूमिका समाचार-पत्रों का मुख्य दायित्व बनता गया। इस विशेष परिस्थिति में पत्रिकाओं में जनता की मानसिकता को साहित्य के अनुरूप ढालने की भूमिका अपने हाथों में लेती रही।

शुद्ध साहित्यिक पत्रिकाओं की अस्मिता

स्वातंत्र्योत्तर भारत में हिन्दी पत्रकारिता का जो दौर प्रारंभ हुआ उससे साहित्य की विधाओं का पर्याप्त स्थान है। प्रत्येक युग में शुद्ध साहित्यिक पत्रिकाओं की अलग पहचान है। इसकी प्रथा पत्रकारिता के अर्थ से ही हिन्दी में विद्यमान है। इसकी खूबी यह है कि आज की तेज़ रफ्तार की जिंदगी में साहित्यास्वादन की रुचि एक प्रत्येक वर्ग की जनता में ही बरकरार है। साहित्यिक अभिरुचि के लिए यह अनिवार्य है कि लेखक अपने मानस की अनुभूतियों को सरल शब्दों में और स्पष्ट भाषा में कह सकें। प्रसिद्ध अंग्रेज़ी समीक्षक आई.ए. रिचर्ड्स ने श्रेष्ठ और सफल लेखन की चर्चा करते हुए लिखा है कि प्रेषणीयता का गुण प्रत्येक लेखन की सफलता की पहचान है। साहित्यिक रचनाओं का एक विशेष स्तर होता है लेकिन साहित्य का स्तर तो उसकी साहित्यिकता में ही छिपा होता है।

जब कभी किसी पत्रिका या किसी दैनिक समाचार-पत्रों के रविवारीय परिशिष्टों में कोई कविता, कहानी, संस्मरण या विशेष लेख पढ़ने को मिलता है तो ऐसा प्रतीत होता है कि राजनीतिक दुनिया के दिन-रात घटित होने वाले फेर बदले और वैज्ञानिक उपलब्धियों के नीरस उबाऊ और एक से परिवेश से निकलकर हम राहत की साँस ले रहे हैं। सामान्य रूप से स्वातंत्र्योत्तर पत्रकारिता का उद्देश्य व्यावसायिकता के जुड़ा हुआ है फिर भी यह कहा जा सकता है कि साहित्य के प्रति अपने दायित्व को निभाने का कार्य भी उसने किया है।

साहित्यिक पत्रिकाओं ने साहित्यिक अभिरुचि का विकास करके ही साहित्य सृजन और पठन-पाठन दोनों को विकसित होने की प्रेरणा प्रदान की है। इन पत्रिकाओं ने जीवन के विविध पक्षों के दर्शन, सामाजिक जीवन के यथार्थ, विभिन्न साहित्यिक गतिविधियों, विकास प्रक्रिया और गतिशीलता को भी प्रस्तुत किया है। साप्ताहिक हिन्दुस्तान, धर्मयुग जैसी पत्रिकाओं में नियमित रूप से कविता, कहानी, संस्मरण, धारावाहिक उपन्यास, रेखाचित्र आदि प्रकाशित होते रहे हैं। कुछ ऐसी मासिक, द्वैमासिक और त्रैमासिक पत्रिकाएँ है जो भाषा एवं साहित्य के क्षेत्र को बहुत अधिक प्रगति प्रदान करने वाली रही हैं। भाषा, आजकल, समीक्षा, नटरंग आदि इस श्रेणी की पत्रिकाओं के लिए उदाहरण हैं। इनमें समीक्षा, नटरंग, जैसी पत्रिकाएँ क्रमशः आलोचना एवं नाटक व रंगमंच संबंधी विधा को प्रतिनिधान करने वाले लेखों को प्रकाशित करती हैं।

प्रायः सौ वर्ष की हिन्दी पत्रकारिता के माध्यम से हम हिन्दी साहित्य का भारतेंदु युग, द्विवेदी युग, छायावादी युग, प्रयोगवाद, नयी कविता और इससे आगे अकविता, विचार कविता, प्रतिबद्ध कविता तथा सांप्रतिक कविता के युग के स्पंदन का अनुभव करते हैं। इसके अलावा नाटक, कहानी, उपन्यास; निबंध आदि सभी विधाओं का विकासात्मक रूप अपनी जीवंतता एवं निरंतरता में देख सकते हैं।

उदाहरणार्थ हरेक युग की पत्रिकाएँ जैसे—भारतेन्दुकाल में प्रकशित प्रमुख पत्रिकाएँ कविवचन सुधा, हिन्दी प्रदीप, ब्राह्मण, सारसुधानिधि, द्विवेदी युग की सरस्वती, सुदर्शन, समालोचक, इन्दु, देवनागर, छायावाद काल की सुधा, चाँद, कल्याण, विशाल भारत और आधुनिक काल की भाषा, सम्मेलन पत्रिका, आलोचना आदि पत्रिकाओं के जरिये हमें प्रत्येक युग के स्पंदन का अनुभव होता है।

इन पत्र-पत्रिकाओं के अंकों में अब भी विगत सौ वर्ष की छाप अपने जीते जागते रूप में देखी जा सकती है। पत्रिकाओं में प्रकाशित साहित्य आज की सृजनशील जागरूकता की दिशा का पूर्णरूपेण विनायक होता है।

वस्तुतः आज के युग के विशेषीकरण, उपयोगितावाद आदि अधिक महत्ता प्राप्त कर रहे हैं। अतिवैचारिकता, गुटबंदी, खुली खेमेबाजी, स्वांत सुखाय लेखन, खुले विचारों का संकट इन पत्रिकाओं के लिए संकट बोधक साबित हुआ है। आज की अपेक्षा सन् अस्सी से सन् नब्बे तक साहित्यिक पत्रिकाओं के अस्तित्व का संकट कम नज़र आता था। लेकिन फिर भी इस काल से ही साहित्यिक पत्रिकाओं की नींव हिलने लगी थी क्योंकि इस काल को भारतीय राजनीति का संक्रमण काल कहा जाता था और यह काल भारतीय अस्मिता के मूल्यों का संकट काल भी था। बहुत सारी पत्रिकाओं पर राजनीति हावी होती गई। वैचारिक स्वतंत्रता की ओर जरा भी ध्यान नहीं दिया गया इसलिए पत्रिकाएँ अपना ओज और प्रवाह खोती गईं।

वैसे देखा जाय तो समस्त भाषाओं की पत्रिकाओं में भी यह बात दृष्टिगत होती है। वैचारिक शून्यवाद की स्थिति साहित्य के मौलिक चिंतन और सर्जन के लिए खतरा बन गई। वादों, खेमों और गुटबंदियों से रचनाकार विवृत होता गया और कभी-कभी रचनाकार जानबूझकर या कभी अनजाने ही अपने को पक्षधरता के दायरे में बाँधने लगा।

वैचारिक बहसों का प्रकाशन, कविता को प्रतिबद्ध कविता तक पहुँचाना, गीतों को जनगीतों का नया रूप देना, नौटंकी जैसे नाट्य रूपों को जननाट्य में रूपांतरित करने की वैचारिकता देना और नुक्कड़ नाटकों की प्रस्तुति पर बल, अनेक राजनीतिक लेखों को वैचारिक भूमिका के लिए प्रस्तुत करना, साक्षात्कार, पत्र और संस्मरणादि प्रस्तुत करना, भारतीय ही नहीं विश्वसाहित्य की श्रेष्ठ रचनाओं का अनुवाद छापना, भाषा का जनवादी रूप विकसित करना और उसकी प्रेषणीयता तथा संवेदनात्मकता को नया संस्कार देना आदि साहित्यिक पत्रिकाओं का फर्ज बन गया है।

पाठक भी आज पत्रिकाओं से यह आशा करता है कि नयी साहित्यिक रचनाओं से उन्हें परिचय प्राप्त हो तथा पुस्तक चयन करने, समझने और खरीदने में उन्हें सहायता मिले। तेज़ रफ्तार की ज़िन्दगी जीने के कारण जनता के समक्ष 'वक्त' चुनौती के रूप में है। इसलिए पाठक समाज नयी प्रकाशित पुस्तक की सम्यक जानकारी के लिए पुस्तक समीक्षा पसन्द करने लगे, और फिलहाल पत्रकारिता के क्षेत्र में पुस्तक समीक्षा अपने उत्कर्ष पर है। प्रत्येक साहित्यिक पत्रिका में पुस्तक समीक्षा एक स्तंभ के रूप में स्थान पाने लगी है।

उदाहरणार्थ—"पाठक को भीतर तक भिगोकर बहुत देर तक उसकी चेतना पर छाये रहने और उसे अनुभव की संपन्नता प्रदान करने की क्षमता वाले उपन्यास प्रायः कम देखने में आए हैं। ऐसे ही विरल उपन्यासों में सत्येन कुमार का नया उपन्यास 'छुट्टी का दिन' आता है जो अत्यंत समर्थ जीवन दृष्टि और कलात्मक वैभव से संपन्न है। यह निश्चय ही किसी भी लेखक के लिए स्पर्धा का विषय हो सकता है कि उसकी प्रथम औपन्यासिक कृति इतना अनुभव संपन्न, गहन, अनुभूति, विस्मृत जीवन पटल तथा पात्रों की स्पृहणीय दुर्दम्य जिजीविषा से युक्त हो। एक साथ ही यह उपन्यास व्यक्तिवादी धारा और सामाजिक धारा की दोनों श्रेणियों का संस्पर्श करता है। 'छुट्टी का दिन' को बहुआयामी संदर्भों का उपन्यास कहने का कारण, उसकी अद्‌भुत पात्र सृष्टि है।"[2] जिससे कि वह इस उपन्यास को पढ़ सके। उपर्युक्त उद्धरण से पाठकों को छुट्टी का दिन उपन्यास के संबंध में विशेष जानकारी प्राप्त हो जाती है।

कभी-कभी पुस्तक समीक्षा के अंतर्गत रिव्यू भी छपते हैं जो दैनिक पत्रों को भी एक साहित्यिक मंच का परिवेश प्रदान करते हैं। रविवारीय परिशिष्ट में यह रिव्यू की बात नज़र आती है। अखबारों के रविवारीय परिशिष्ट में प्रकाशित एक पुस्तक रिव्यू प्रस्तुत है :

"एक और रामकथा—सबके लिए दीर्घकाल से रामचरितमानस की रामगाथा जन सामान्य का मन मोहती आयी है और साथ ही उसे आदर्श जीवन का सरल पाठ भी पढ़ाती रही है। रामचरितमानस की सरल भाषा-शैली ने इसमें महत्वपूर्ण भूमिका निभायी है। 1989 में रामचरितमानस का एक संस्करण आया जो रामकथा के देशी और विदेशी हिन्दीभाषी और अहिन्दी भाषी दोनों तरह के पाठकों की आवश्यकता को ध्यान में रख कर निकाला गया था। हाल में इसका तीसरा संस्करण आया है। पटना विश्वविद्यालय के अंग्रेज़ी विभाग के अध्यक्ष आर. जी. प्रसाद ने रामचरितमानस का हिन्दी और अंग्रेज़ी दोनों भाषाओं में अनुवाद किया है। साथ ही मानस पर विशद विवेचन और तुलसी के विषय को विभिन्न भारतीय और विदेशी विद्वानों के मत भी हमारे ग्रंथ में समाहित हैं। पुस्तक की विशेषता है इसमें रामचरितमानस के सातों कांडों के अतिरिक्त विवादित लव-कुश कांड का समावेश। हनुमान चालीसा और राम-शलाका प्रश्नावली भी अनुवाद सहित इसमें शामिल है। हिन्दी और अंग्रेज़ी दोनों ही अनुवादों की भाषा सरल है और सामान्य पाठक को दृष्टि में रखा गया है। इस रामचरितमानस की एक विशेषता इसकी छपाई और मिनियेचर शैली के वे चित्र भी हैं जो रामनगर संग्रहालय से विशेष रूप से इस ग्रंथ के लिए उपलब्ध कराये गये हैं।"

उपर्युक्त समीक्षा यद्यपि नवभारत टाइम्स के साप्ताहिक अंक में आई है इससे धार्मिक उमंग रखने वाले लोगों को बहुत बड़ी सहायता मिलती है क्योंकि रामकथा को पुनः वे पढ़ सकते हैं और उसका मूल्यांकन भी कर सकते हैं उस तरह शुद्ध साहित्यिक पत्रिकाओं में अपनी-अपनी अस्मिता की तलाश हुई है और इस तलाश में नए स्तंभों का आयोजन करके पत्रधर्मिता को आकर्षक मुख मुद्रा प्रदान करने की कोशिश की है इससे नए लेखन की प्रक्रिया का भी आरंभ होने लगता है। साहित्यिक समीक्षा ही नहीं साहित्येतर विषयों के साहित्य के साथ के संबंध को समझाने की कोशिश भी सराहनीय हो जाती है।

साहित्यिक अभिरुचि के विकास और शुद्ध साहित्यिक पत्रिकाएँ

साहित्यिक अभिरुचि के विकास में लेखकीय योगदान उतना ही प्रमुख है जितना की साहित्यिक पत्रिकाओं का प्रोत्साहन। इसके साथ ही यह भी आवश्यक है कि पाठक की संवेदना में लेखकीय संवेदना का समावेश हो। इसी तथ्य को स्वर्गीय रामधारीसिंह दिनकर ने अपनी काव्य की भूमिका में इस प्रकार स्पष्ट किया है : "कोई भी श्रेष्ठ रचना तभी सफल हो सकती है जबकि उसमें कहा गया तत्व पाठक की चेतना में सीधे प्रविष्ट कर जाए।" लेखक और पाठक के बीच रचना एक सशक्त कड़ी का काम करती है यदि यह कड़ी मजबूत होती है तो लोगों में साहित्यिक अभिरुचि जाग्रत हो सकती है।

स्वातंत्र्योत्तर भारत में जो पत्र व पत्रिकाएँ प्रकाशित हो रही हैं उनमें साहित्य को उचित

स्थान प्राप्त है। यह स्थान इसलिए और भी महत्वपूर्ण है कि इन पत्र-पत्रिकाओं ने लोगों के जन मानस को परिवर्तित किया और वे किसी न किसी रूप में साहित्य से जुड़े रहे हैं।

जनमानस में साहित्यिक अभिरुचि पैदा करना उतना आसान नहीं है। इस बात का दायित्व पूर्णतः पत्र-पत्रिकाओं पर ही नहीं बल्कि लेखक पर भी निर्भर है। लेखक का लेखन, उसका छपना, और उसका सुंदरतम रूप से पाठकों तक प्रेषणीय होना आदि बातें भी अभिरुचि के विकास में परोक्ष रूप से आती हैं। इतनी क्षमता प्रत्येक लेखक में नहीं होती है कि वह पुस्तक के रूप में अपनी लिखित सामग्री को प्रकाशित करवा सके। अतः उभरते हुए लेखक पत्रिकाओं का सहारा लेते है। आज बहुत से ऐसे लेखक हैं जो पत्र-पत्रिकाओं में छपते-छपते अपना एक प्रतिष्ठित स्थान बना चुके हैं। आधुनिक हिन्दी साहित्य के अधिकांश प्रतिष्ठित लेखक पत्रकार भी रहे हैं और यह परंपरा भारतेंदु से अज्ञेय तक स्पष्ट दिखाई देती है।

यह कहना अनुचित न होगा कि "गद्य के निर्माण का अधिकांश श्रेय हिन्दी पत्रकारों को है जिन्होंने पत्रों के माध्यम से हिन्दी भाषा को एक व्यवस्था-समृद्ध और परिनिष्ठित रूप दिया।"[3]

इससे यह स्पष्ट होता है कि जो किसी कारणवश स्वतंत्र रूप से रचनाएँ प्रकाशित नहीं कर पाते, उन लेखकों को भी मासिक और साप्ताहिक पत्र स्थान देते हैं। अनेक बार साप्ताहिक और मानसिक पत्रों में बहुत ही अच्छी स्तर की साहित्यिक रचनाएँ पढ़ने को मिलती हैं।

फिलहाल हास्य-व्यंग्य दैनिकों, साप्ताहिकों तथा मासिकों में निरंतर प्रकाशित होते रहते हैं। व्यंग्य को पकड़ना, और समझना तथा समझकर उसका आनंद लेना इस बात का प्रमाण है कि व्यक्ति की साहित्यिक रुचियाँ विकसित हो रही हैं। आश्चर्य की बात यह है कि इस प्रभाव से दैनिक समाचार-पत्र भी साहित्यिक समीक्षा और साहित्यिक रचनाओं का अध्ययन प्रस्तुत करने के लिए बाध्य हो जाते हैं।

उदाहरणार्थ एक व्यंग्य लेखन प्रस्तुत है—"धर्म शब्द व्यापक अर्थ रखता है; जैसे चौर-धर्म, राजनीतिक धर्म, भिखारी धर्म, लूट धर्म आदि। यहाँ मैं एक पुरोहिती धर्म का उदाहरण दे रहा हूँ, जिसे बचपन से आज तक देखता आ रहा हूँ—भाद्र शुक्ल चतुर्दशी को अनंत भगवान के पूजन की प्रथा बहुत पुरानी होने पर भी आज उसकी विधि की कलात्मकता पर विचार करने का मन करता है। बचपन में बड़ी श्रद्धा से देखता था, आज गंभीरता से सोचता हूँ तो लगता है कि अनंत पूजा की शुरुआत करने वाला स्वयं अनंत बुद्धि से संपन्न रहा होगा। अनंत शब्द जिसके आदि अंत का पता किसी को नहीं उसको एक काव्यात्मक प्रतीक द्वारा आम आदमी में प्रदर्शित करनेवाला किसी प्रतीकवादी कवि से कम कल्पनाशील न रहा होगा।

पूजा-विधि इस प्रकार शुरू होती थी–एक कटोरा में लगभग एक सौ ग्राम दूध में दो सौ ग्राम पानी मिलाया जाता था। वह हुआ क्षीर (दूध) समुद्र। पूजन करने वाले पाँच-सात भक्त गण। एक को हाथ से पकड़कर इस कटोरा में खड़ा करते थे, जो देखने में शिवलिंग की तरह होता था; मगर पुरोहित जी उसे मंदराचल पर्वत कहते थे। अनंत सूत्र को अजगर की तरह खीरा में लपेटकर कटोरा में हिलाया जाता था–वह हुआ क्षीर सागर मंथन।

अब अनंत की संख्या और प्रकार बढ़ गयी है। पहले वे कटोरी से निकले थे–अब टबों स्विमिंग पूलों से निकलकर आए हैं। पहले गाँव शहर में दो-चार टोपियाँ शिवलिंग की तरह शोभित, पूजित थीं–अब टोपियों वाले श्वेत शिवलिंगों की भरमार हो गई है।"[4]

पत्रिकाओं में छपकर आने वाले इस प्रकार के लेखों से जो व्यंग्य समाज की ओर लेखक करते रहे हैं। यह उपक्रम समाज में प्रचलित रीति-रिवाजों पर खूब प्रहार करने के उद्देश्य से ही होता रहा। इस प्रकार के व्यंग्य लेखन के स्तंभ अन्य अनेकानेक पत्रिकाओं में भी द्रष्टव्य है। आजकल, समीक्षा, मधुमती, वागर्थ आदि साहित्यिक पत्रिकाओं में व्यंग्य लेखन खूब जोरदार ढंग से प्रकाशित हो रहा है।

स्वातंत्र्योत्तर पत्र-पत्रिकाओं ने साहित्यिक अभिरुचि का विकास करके ही साहित्य सृजन और पठन-पाठन दोनों को विकसित होने की प्रेरणा प्रदान की है। इस तरह यहाँ इन पत्र-पत्रिकाओं ने जीवन के विविध पक्ष प्रस्तुत करके सामाजिक जीवन का यथार्थ प्रस्तुत किया है, वहीं विभिन्न साहित्यिक गतिविधियाँ, विकास प्रक्रिया और गतिशीलता को भी प्रस्तुत किया है। नयी साहित्यिक प्रवृत्तियाँ और आंदोलनों का जन्म साहित्यिक पत्रिकाएँ और लघु पत्रिकाओं द्वारा होता रहा है। उदाहरण के लिए नयी कविता, नयी कहानी, अकविता और समांतर कहानी जैसी साहित्यिक प्रयोगार्थक विधाओं का आरंभ करने में जो भूमिका निकष, अकविता, प्रतीक, नयी कविता जैसी पत्रिकाओं ने अदा की है यह भी उल्लेखनीय है।

प्रतिष्ठित साहित्यिक पत्रिकाएँ एवं साहित्यिक पक्ष

पूर्ववर्ती पत्रिकाओं की अपेक्षा स्वातंत्र्योत्तर काल की पत्रिकाओं ने साहित्यिक, सांस्कृतिक अभिरुचि को प्रोत्साहित किया। नवचेतना का विकास किया और सामाजिक जीवन को सुधार परिष्कार और जागृति की राह दिखाई। नए भाषिक शिल्प का विकास प्रतिष्ठित पत्रिकाओं की एक खूबी है। भाव व्यक्त करने में जन जीवन की भाषा ही उनके लिए सर्वाधिक उपयोगी हो सकती है; बोलचाल के शब्दों का प्रयोग; नित नवीन शब्दों का निर्माण और दिन प्रतिदिन घटित होने वाली विविध प्रकार की घटनाओं के परिप्रेक्ष्य में निर्मित नयी शब्दावली का प्रयोग पत्रकारिता के अंतर्गत प्रयुक्त होनेवाली भाषा की विशिष्टता है।

भाषा की सरलता को अधिकाधिक प्रोत्साहित करने के उद्देश्य से दीर्घ वाक्यावली के स्थान पर छोटे-छोटे किंतु आकर्षक वाक्यों का प्रयोग करके पत्रकारिता ने जिस शैल्पिक क्षमता का विकास कर हिन्दी को सँवारा उससे हिन्दी पत्रकारिता का भाषिक स्वरूप सरल बोधगम्य और संप्रेषण क्षमता से युक्त होने लगा। उदाहरण के लिए भाषा संबंधी एक वक्तव्य समीचीन नज़र आता है—उद्धरण—भाषा पत्रिका से : "भाषा हमारी आत्मा का बाहरी रूप है तथा अपने विविध धर्म, संस्कृति, सत्यता, नैतिक विश्वासों के देश में वैविध्य और वैभिन्य में एकता लाने का काम यथा संभव सभी भाषाओं में संभाव्य एकता की स्थापना से सरल हो सकता है। भाषा की एकता उस सांस्कृतिक एकता का प्रधान स्तंभ है।"[5]

साहित्यिक अभिरुचि हिन्दी भाषा का उत्कर्ष करने वाली त्रैमासिक पत्रिकाओं में 'भाषा' सर्वप्रमुख है। विभिन्न भाषाओं को निकट लाकर राष्ट्रीय एकता की कड़ी को मजबूत करना इसका ध्येय रहा है। 'आजकल', 'सम्मेलन पत्रिका', 'आलोचना' आदि पत्रिकाओं का नाम भी विशेष रूप से उल्लेखनीय है। आजकल में प्रकाशित साहित्यिक लेख इस संदर्भ में संगत प्रतीत होता है।

"रेणु ऐसे कथाकार है जो किसी कहानी को लिखने के पूर्व अपने चरित्रों को वर्षों अपने में जीते हैं। आत्मा के स्तर पर जब वे चरित्रपूर्ण और परिपक्व हो जाते हैं सहज रूप में कहानी में उतरते चले आते हैं। वे अपने पात्रों की पूर्णता के लिए उसकी चरित्रगत बारीकियों में तो जाते ही हैं किसी पात्र के व्यक्तित्व को संपूर्णता देने के लिए कई पात्रों का संयोग भी कर लेते है।"[6]

स्वातंत्र्योत्तर काल की प्रतिष्ठित पत्रिकाओं में क्षेत्र विशेष की साहित्यिक घटनाओं एवं अखिल भारतीय प्रवृत्तियों, गतिविधियों तथा नवप्रकाशित पुस्तकों की समीक्षाएं प्रकाशित होती रही हैं। मधुमती जो राजस्थान साहित्य अकादेमी की मासिक पत्रिका है, और मध्य प्रदेश साहित्य परिषद् द्वारा प्रकाशित त्रैमासिक साक्षात्कार आदि इस दृष्टि से महत्वपूर्ण हैं। इनमें प्रकाशित सामग्री साहित्यिक चर्चा, परिचर्चाओं के लिए उचित वातावरण की सृष्टि करती है।

यहाँ 'साक्षात्कार' में प्रकाशित पुस्तक समीक्षा स्तंभ उदाहरणार्थ प्रस्तुत है : "अरुंधती राय के उपन्यास 'द गॉड ऑफ स्माल थिंग्स' का वर्ष 1997 के बुकर पुरस्कार—जो इंग्लैंड में अंग्रेज़ी कथा लेखन का सर्वश्रेष्ठ पुरस्कार है, के लिए चयन, वर्तमान भूमण्डलीकरण के परिप्रेक्ष्य में भाषा, संस्कृति और जातीयता के नये समीकरण की स्पष्ट परिभाषा है।

अपने परिवेश में कृति जन्म लेती है पर अपनी अस्मिता से उसे समृद्ध करती है और पुनर्भाषित भी करती है। उपन्यास की संरचना स्मृति के स्वरूप की है जो अतीत और वर्तमान के मध्य मँडराते हुए पृथक-पृथक मनःस्थितियाँ पृथक घटनाओं से विसंगत

अंशों को एक तरीके से बुनती जाती है। काल और चेतना के खंडित टुकड़ों का यह अतर्कित सहनिवेश इतना अतार्किक नहीं है, बल्कि दक्षता से बुना हुआ तानाबाना है जो उपन्यास का मुख्य कथन रेखांकित करता है।"[7]

प्रस्तुत समीक्षा से अरुंधती राय की रचना-प्रक्रिया पर हिन्दी के पाठक भी दिलचस्पी ले सकते हैं और इस रचना की उपलब्धि पर स्वतंत्र रूप से विचार कर सकते हैं। इस प्रकार के पुस्तक समीक्षा स्तंभ पाठकों के लिए अत्यंत उपयोगी सिद्ध होते है साथ ही साथ इन स्तंभों के द्वारा नये रचनाकार तथा नया साहित्य प्रकाश में आने लगता है।

मधुमती में प्रकाशित नए रचनाकारों का साहित्य इस संदर्भ में द्रष्टव्य है : "हिन्दी साहित्य की ही भाषा नहीं तकनीक, विज्ञान, प्रविधि, प्रौद्योगिकी की भी भाषा है। व्यवसाय की, बाजार की भी भाषा है। उदारीकरण और वैश्वीकरण के साथ हिन्दी का बाज़ार भाव बढ़ा है, यह आज तक ज्ञात तथ्य है; क्योंकि बहुराष्ट्रीय कंपनियों को भारत के एक बहुत बड़े बाज़ार तक पहुँचना है तो उन्हें बढ़ी क्रयशक्ति वाले पूर्वसीमित वर्ग के दायरे से बाहर बहुसंख्यक भारतीय समुदाय को भी उपभोक्ता बनाना है और इसके लिए भारतीय भाषाएँ ही माध्यम हो सकती हैं।"[8]

इसलिए उस ओर भी विशेष ध्यान दिया जा रहा है खासकर विज्ञापनबाजी के माध्यम से।

अर्ध-साहित्यिक पत्रिकाएँ और सांस्कृतिक अभिरुचि

अर्ध-साहित्यिक पत्रिकाओं में विशेषकर साहित्यिक रुचि से भी ज़्यादा सांस्कृतिक पक्ष उभरा हुआ प्रतीत होता है। स्वातंत्र्योत्तर काल में अनेक ऐसी पत्रिकाएँ भी प्रकाश में आई हैं जिसने जन जीवन में सांस्कृतिक छवि को विकसित किया है। सांस्कृतिक शब्द संस्कृति से जुड़ा हुआ है और संस्कृति मनुष्य की संस्कारशील अवस्था का नाम है। हम जब सांस्कृतिक विकास की बात करते हैं तो हमारा तात्पर्य बाह्य की अपेक्षा आन्तरिक गुणों के विकास से होता है।

आज के भौतिक और व्यावसायिक जगत में आवश्यकता इस बात की है कि हम अपने आन्तरिक गुणों का विकास करें। यह विकास पत्र-पत्रिकाओं के द्वारा ही संभव है। पत्र-पत्रिकाओं ने हमारी सांस्कृतिक अभिरुचि का विकास किया है। सांस्कृतिक अभिरुचि के अन्तर्गत धर्म, नीति, दर्शन, समाज, साहित्य और खेलखूद अथवा मनोरंजन के साधन आते हैं। जो पत्र-पत्रिकाएँ इस दिशा में कार्यरत हैं उनमें प्रमुखतः धर्मयुग, सरिता, दिनमान, कादंबिनी आदि प्रतिष्ठित हैं। साथ-ही-साथ परोमा, श्रीकृष्ण संदेश, नवनीत भारती आदियों का योगदान भी स्पृहणीय है, जो अपेक्षाकृत कम प्रतिष्ठित है।

धर्मयुग, सरिता आदि पत्रिकाओं ने बौद्धिक, भौतिक और वैज्ञानिक चेतना को

सांस्कृतिक आयामों से जोड़ने की कोशिश की है। सन् पचास ई. में देश के सर्वश्रेष्ठ साप्ताहिक के रूप में ख्याति प्राप्त पत्रिका धर्मयुग निकलने लगी। टाइम्स आफ इंडिया ग्रुप इस बहुचर्चित एवं सफल पत्रिका की उन्नति के पीछे था। व्यावसायिक साहित्यिक पत्रिका होते हुए भी यह साहित्यिक व सांस्कृतिक पत्रिका के रूप में पाठकों के बीच विशेष रूप से प्रिय होती गयी। इसने अनेक नये-नये लेखकों को जन्म दिया है साथ ही साथ यह पाठकों को साहित्यिक, सांस्कृतिक, सामाजिक, राजनीतिक सामग्री प्रदान करती रही है। इस पत्रिका की सबसे बड़ी खूबी यह है कि जनरुचि के मुताबिक पाठकों को सामग्रियाँ देती रही।

यह साप्ताहिक पत्रिका धारावाहिक, कहानी, लेख, निबंध, साक्षात्कार, संस्करण, रिपोर्ताज आदि देती है इसके अलावा आंखों देखी, खबरें, फुलझड़ियाँ, साप्ताहिक भविष्यफल, महिला जगत, बालजगत, चित्रकथा, कार्टूनकोना, क्रीड़ाजगत, फिल्म संसार, व्यंग्य परिहार, अपने आसपास, आपका पत्र मिला आदि इसके स्थायी स्तंभ हैं।

रंगीन रेखांकन व सादे चित्र तो घटनाओं को प्रदर्शित करते हुए मुद्रित होते हैं। साथ ही पैनापन लिए सामाजिक-आर्थिक-राजनीतिक व्यंग्य चित्र भी होते हैं। कविता, उपन्यास व कहानियों के विविध मनःस्थितियों को चित्रित करने वाले चित्र रहते हैं।

इसमें एक रंगीन चित्रकथा भी हरेक अंक में क्रमशः रहती है। ये चित्रकथाएँ कभी वीरों की कथा कहती हैं तो कभी इतिहास की झांकी प्रस्तुत करती हैं तो कभी-किसी विद्वान या नेता की जीवन गाथा से लोगों में प्रेरणा जगाती हैं। ऐसे एक स्तंभ का उदाहरण प्रस्तुत है : "यह उजागर है कि पश्चिम अपनी चकाचौंध से घबराकर पूर्व की संस्कृति की ओर भाग रहा है पश्चिमी, भौतिकवादी मूल्यों से शायद भारतीय मूल्य बेहत्तर है इसलिए लेकिन जब कोई ऐसा व्यक्तित्व मिलता है, जो वास्तव में भारत में भारतीय नृत्य में शांति की खोज करने आया है तो गर्व से सर ऊँचा हो जाता है और देश के सम्मान में सिर नत भी हो जाता है। जर्मनी निवासी मारिया हायफन गेब्लियल वुजिन ऐसी ही तलाश में भारत आयी हुई हैं।"[9]

इस प्रकार के उदाहरण को दरशानेवाले अनेक चित्रों की भरमार स्वातंत्र्योत्तर पत्रिकाओं में स्थान प्राप्त कर रही है। इसकी झाँकियाँ हमें कई पत्रिकाओं में प्रकाशित तस्वीरों में नज़र आती हैं; चित्र अगले पृष्ठ पर प्रस्तुत हैं।

इन स्तंभों के अतिरिक्त धर्मयुग हर सप्ताह घटित होने वाली घटनाओं को पूर्ण तथ्यों के साथ प्रकाशित करता है। ये घटनाएँ सामाजिक, राजनीतिक, सांस्कृतिक, धार्मिक होती हैं। विशेष अवसरों पर विशेष सामग्री पाठकों के पास पहुँचाना इसकी खूबी है। इसके अतिरिक्त साक्षात्कार, संस्मरण आदि साहित्य की जितनी भी विधाएँ हैं सभी पर धर्मयुग सामग्री प्रकाशित करती है। इसने हिन्दी पत्रकारिता को नयी दिशा

प्रदान की है और सांस्कृतिक गरिमा को ऊँचा बनाया है। इस ओर संपादक धर्मवीर भारती का योगदान सराहनीय है।

हिन्दुस्तान टाइम्स लि. द्वारा प्रकाशित साहित्यिक व सांस्कृतिक पत्रिका, साप्ताहिक हिन्दुस्तान इस कोटि की एक अन्य पत्रिका है जो निष्ठा लगन व मेहनत से दिन पर दिन अत्यंत लोकप्रिय बनती गयी। यह साप्ताहिक तीन-चार कालम में विभक्त है। साप्ताहिक हिन्दुस्तान का संपादकीय प्रमुख रूप से राष्ट्रीय होता है जिसमें समसामयिक समस्याओं, राजनीति, अर्थनीति की चर्चा होती है। इसका आवरण पृष्ठ बहुरंगी चित्र लिए आकर्षक होता है।

इसके स्थायी स्तंभों में बोलती छाया, भविष्य दर्शन, चित्रकथा, आधी दुनिया, मन की उलझन, ऐसा भी हुआ, आपने लिखा है, आपका पत्र, फुलवारी मुख्य हैं। इसके अलावा यह लेख, कहानी, संस्मरण, उपन्यास, कविता तथा विशेष सामग्री भी देता है।

सन् पैंसठ में अज्ञेय के संपादकत्व में प्रकाशित 'दिनमान' एक अनन्य पत्रिका है जो एक सशक्त समृद्ध और प्रभावी साप्ताहिक पत्रिका के रूप में उभरी थी। इसमें मिलेजुले सांस्कृतिक, राजनीतिक, साहित्यिक और समकालीन चेतना के रंग निखरे हुए हैं। दिनमान के शीर्षक छोटे, सटीक, टिप्पणीपरक और व्यंजना शक्ति से भरपूर होते हैं। इनके नये लेखन में साहित्यिकता होती है। लेख के साथ-साथ विषय से संबंधित चित्र, व्यंग्य चित्र आदि भी दिए जाते हैं, जो लेख को और भी आकर्षक बना देते हैं।

आनंद बाज़ार पत्रिका लिमिटेड का पब्लिकेशन रविवार साप्ताहिक सन् सतहत्तर से निकलना प्रारंभ किया। यह पत्रिका समाचार व समसामयिक विचारों की संवाहिका है। तीन कॉलम में निकलने वाली इस पत्रिका ने अपनी विषय सूची को चार भागों में विभक्त किया है। आमुख कथा, देश-देशांतर साहित्य तथा विविध।

आमुख कथा में मुखपृष्ठ से संबंधित विषयों के साथ उस सप्ताह के मध्य घटित सामाजिक, राजनीतिक आदि घटनाएँ भी होती हैं। देश-देशांतर में देश तथा विदेशों में घटित राजनीतिक खबरें स्थान पाती हैं। साहित्य के अंतर्गत कहानी, संस्मरण, उपन्यास, कविता आदि होते हैं और विविध सें विविध प्रकार की सामग्री जैसे क्रीड़ा जगत, फिल्मी जीवन, चित्रकथा, नाटक आदि होते हैं। रविवार साप्ताहिक में समसामयिक कार्टून भी निकलती है और बौद्धिक विचारणीय व मनन योग्य पठनीय सामग्री प्रस्तुत करने में भी यह पत्रिका बजोड़ है।

सरिता और सारिका ये दोनों साहित्यिक व सांस्कृतिक पत्रिकाएँ हैं। सन् पैंतालीस में प्रकाशित पत्रिका सरिता ने निर्भीक होकर समाज में फैली हुई बुराइयों और कुरीतियों के विरुद्ध जनमत जगाने का प्रयत्न किया है। इसमें हमेशा पुरानी मान्यताओं को वैज्ञानिक कसौटी पर कसकर देखा जाता है। अवैज्ञानिक बातों पर हमेशा प्रहार करती रही और शायद यही कारण है कि यह रूढ़िवादियों के आक्रोश का कारण भी बनी। जीवन नये

मार्ग पर चलता रहे, आगे बढ़ता रहे इस उद्देश्य को सरिता भली-भाँति पूरा कर रही है। इसके स्थायी स्तंभों में आपके पत्र, सरित प्रवाह, श्रीमतीजी, ये पत्नियाँ, दिन दहाड़े, जीवन की मुस्कान, बच्चों के मुख से, यह भी खूब रही, चंचल छाया आदि प्रमुख हैं।

उदाहरणस्वरूप सारिका में प्रकाशित एक लेख उद्धृत करना समीचीन नज़र आता है : "कहानी के यथार्थ और उसकी समकालीनता (जिसे अन्य शब्दों में हम समय और परिवेश से रचना का जुड़ाव भी कह सकते हैं) की शर्त आज के कथाकार के लिए फॉर्म के आग्रहों से भी खालिस सौंदर्यवादी दृष्टिकोण को वर्तमान स्थितियों के संदर्भ में रुमानी, नकली और पलायनवाद ही ठहराया जा सकता है।"[10]

सरिता एक ऐसी सांस्कृतिक पत्रिका है जो सामाजिक व पारिवारिक पुनर्निर्माण की पाक्षिक पत्रिका की पूरी गरिमा के साथ प्रकाशित होती आ रही है। समाज को स्पंदित करने लायक अनेक लेख एवं कार्टून भी छपते हैं। उदाहरणार्थ–एक कार्टून चित्र की झाँकी अगले पृष्ठ पर प्रस्तुत है जो सरिता के नवंबर 1999 के अंक में प्रकाशित है। इस श्रेणी में आनेवाली अन्य पत्रिकाओं में भारती, कादंबिनी, नवनीत आदि में जो कहानियाँ, लेख और परिसंवाद प्रकाशित होते हैं वे हमारे सांस्कृतिक मूल्यों को विकसित करने में सहायक होते हैं।

साहित्यिक अर्ध-साहित्यिक पत्रिकाओं के माध्यम से स्वस्थ सांस्कृतिक संदर्भ हमारे जीवन से जुड़ जाते हैं और साथ ही साथ हमारा आत्मिक परिष्कार भी खूब होता है।

नैतिक धार्मिक मूल्यों की प्रतिष्ठा के लिए भी कुछ पत्रिकाएँ सामने आई हैं। ऐसी पत्र-पत्रिकाओं में कल्याण, अखंड ज्योति आदि प्रमुख हैं। इन पत्रिकाओं में धर्म, ईश्वर तथा अध्यात्मवाद की चर्चा होती है।

कल्याण पत्रिका में अनेक धार्मिक लोगों, ऋषि-मुनियों से संबंधित प्रसंग, पौराणिक प्रसंगों पर आधारित त्याग, तपस्या, आदर्श द्योतक लेख छपते रहे हैं। कल्याण में अकसर पढ़ो, समझो और करो के अंतर्गत धर्म पर आधारित छोटी-छोटी घटनाओं का विवरण होता है। जो मनुष्य को धार्मिक ज्ञान देती हुई पूजा और उपासना का महत्व बताती है। अखंड ज्योति पत्रिका में भी कल्याण के ही समान सांस्कृतिक मूल्यों की प्रतिष्ठा के लिए अनेक उपयोगी एवं मूल्यवान लेख प्रकाशित होते रहते हैं। उदाहरणस्वरूप कल्याण में प्रकाशित एक लेख प्रस्तुत है : "अनादिकाल से नामोपासना को ही सर्वोच्च स्थान दिया जाता आ रहा है। वास्तव में नामोपासना ही सच्ची ईश्वरोपासना है। वर्तमान काल मे भी यह इतनी सर्वलोकप्रियता प्राप्त कर चुकी है कि इसकी उपेक्षा करना असंभव नहीं तो कठिन तो है ही। यह उपासना अत्यंत ही प्रभावशाली, शक्तिशाली और उपयोगी है। इस उपासना के लिए दीक्षा, दक्षिणा और पुनश्चर्या की कोई आवश्यकता नहीं है क्योंकि यह स्वतंत्र सत्य साधना है।

चैतन्य चरितामृत में भी इसकी पुष्टि इस प्रकार की गयी है–

"नो दीक्षां न च दक्षिणां न च पुनश्चर्या मना गीक्षते।

मंत्रोयं रसना स्पृशेव फलति श्रीकृष्णनामात्मकः।"[11]

इस प्रकार अर्ध-साहित्यिक पत्रिकाओं ने बहुत ही महत्वपूर्ण भूमिका अदा की है साहित्य, समाज और संस्कृति के विविध आयामों को मिलाने में और उनके समन्वय से जन मानस के विकास को संभव बनाने में जो योगदान इन पत्रिकाओं ने किया है वह चिरस्मरणीय रहेगा।

मनोरंजन प्रधान पत्रिकाएँ

वर्तमान युग जिस संक्रांति से गुजर रहा है, उसमें मनुष्य का व्यक्तित्व ओझल एवं अव्याख्यायित होता जा रहा है। ऐसा इसलिए हो रहा है क्योंकि जीवन की निर्मित वास्तविकताएँ और विडंबनाएँ प्रश्नमुखी होकर मनुष्य के सामने आ खड़ी हुई हैं और कई बार ऐसी स्थितियाँ उत्पन्न हो जाती हैं कि मनुष्य व्यस्त जीवन की आपाधापी में यह निर्णय नहीं कर पाता कि क्या किया जाय और क्या न किया जाय। मानव जीवन न केवल व्यस्तता का पर्याय है अपितु अनेक समस्याओं विडंबनाओं और विकृतियों का प्रतिरूप भी है जब व्यस्त जीवन की विवशताएँ मानवीय व्यक्तित्व को घेर लेती हैं तो वह तनाव से आक्रांत हो जाता है।

त्रासद परिवेश और व्यस्त जीवन की प्रश्नाकुल स्थितियों से मुक्ति पाने के लिए मनुष्य मनोरंजन का सहारा लेता है। सिनेमा, खेलकूद, पारस्परिक गपशप आदि हल्के मनोरंजन के साधन हैं। वैसे कहा जाय तो स्वस्थ मनोरंजन अथवा मनोविनोद का सशक्त माध्यम हास्य-व्यंग्य पत्रकारिता है।

स्वातंत्र्योत्तर काल में पत्रकारिता के वेगपूर्ण विकास में शुद्ध और स्वस्थ मनोरंजन वाली हिन्दी पत्रिकाओं की भूमिका भी महत्वपूर्ण रही है। स्वतंत्रता के पश्चात विकसित पत्रकारिता ने घर बैठे स्वस्थ मनोरंजन के साधन व सुविधाएँ जुटाई हैं, व्यक्ति की पाठकीय संवेदना को गहराई तक छुआ है। उसकी बुद्धि को प्रखर और सूक्ष्म बनाया है तथा उसके हृदय को मुक्तता प्रदान की है। वहाँ सांस्कृतिक एवं साहित्यिक अभिरुचि को बढ़ावा मिला है, जन जीवन में जागृति पैदा की है और वहीं हास्य-व्यंग्य के नये-नये रूप भी प्रस्तुत किए हैं।

शैली का चुटीलापन भाषा की सरलता और कथन भंगिमा के कारण यह पत्रकारिता एक ऐसी स्थिति में आ गयी है जिसे देखकर यही लगता है कि आधुनिक व्यस्त जीवन में कुछ रसकणों की वर्षा करने का काम पत्रकारिता के क्षेत्र में जारी है। इस क्षेत्र में प्रवृत्तमान होने वाले मनोरंजन प्रधान और हास्य-व्यंग्य प्रधान पत्रिकाओं में प्रमुख हैं–नयी

दुनिया, सारिका, व्यंग और व्यंग, अग्रवाही, लोटपोट आदि। इसके अलावा बास्यं जैसी वार्षिकी व्यंग्य पत्रिकाएँ भी प्रकाशित होती रहीं। इनके साथ साप्ताहिक हिन्दुस्तान का हास्य-व्यंग्य स्तंभ 'ताल बेताल' और धर्मयुग का 'बैठे ठाले' आदि भी प्रमुख गणनीय हैं।

पत्रिकाओं में मनोरंजनात्मक संस्मरण भी प्रकाशित होते थे उदाहरणार्थ एक प्रकरण प्रस्तुत है–'कवि और उनका प्रशंसक'–

"उरई के दो कवि गोंदिया (महाराष्ट्र) के एक कवि सम्मेलन में निमंत्रित थे। वहाँ उनकी कविताएँ श्रोताओं ने बहुत पसंद कीं और उनकी बड़ी प्रशंसा की। वहाँ से वे मद्रास-दिल्ली जनता एक्सप्रेस से लौटे। उनके साथ एक नवयुवक भी उसी डब्बे में सवार हुआ। वह कवि सम्मेलन के दर्शक के रूप में गया था। इसने उन कवियों की बड़ी प्रशंसा के पुल बाँध दिये। जब रात हुई तो तीनों व्यक्ति आराम से सो गये।

जब सबेरे कवियों की नींद टूटी तो उन्होंने देखा कि उनका प्रशंसक नवयुवक वहाँ नहीं है। वह रात में कहीं उत्तर गया था। उन्हें उसके चले जाने से कुछ निराशा हुई। किंतु उसकी निराशा का ठिकाना न रहा जब उन्होंने देखा कि उनका सारा सामान, रुपया, बक्स, झोले आदि भी गायब हैं। उसकी जगह उन्हें एक कागज मिला जिसमें लिखा था–कवि को रुपये की आवश्यकता नहीं है उसे तो निरालाजी की तरह फक्कड़ और निर्धन होना चाहिए। इसलिए मैं आपका सामान लिए जा रहा हूँ। और आपको नवीन कविता रचने के लिए एक विषय या समस्या दिये जा रहा हूँ।

इन गुणग्राही कवियों को ऐसे प्रशंसक का पहले कभी अनुभव नहीं हुआ था। वे आह करके रह गये।"[12]

ऐसी आह से तो अवश्य गान निकलना चाहिए क्योंकि यह ऐसे ठोकर से उत्पन्न हुई है। धन के समान वितरण के समाजवादी नारे के इस युग में किसी धनी कवि के रुपयों का किसी गरजमंद गरीब के पास चला जाना सामाजिक न्याय समझाना चाहिए। उस प्रवीण प्रशंसक ने कवियों को निरालाजी का पदानुसरण करने की सलाह दी थी और जब उसने उन्हें उस ऊँचाई तक उठने में असमर्थ पाया तो उन्हें कुछ देर के लिए ही सही निराला बनाने का प्रयत्न किया। आशा है कि अब अवश्य ही ये कवि समाजवादी कविताएँ लिखकर कवि सम्मेलनों में श्रोताओं का मनोरंजन करेंगे।

वैसे विनोद, जीवन की आवश्यकता है और हास्य उस आवश्यकता की पूर्ति का एक साधन है। चुटकीले व्यंग्य में यह क्षमता है कि वह चिंतातुर मनुष्य को कुछ समय के लिए मानसिक राहत दे सकता है। आज जितनी भी पत्रिकाएँ निकलती हैं जिसमें से अधिकांश ऐसी हैं जो पूरी तरह भले ही हास्य-व्यंग्य को महत्व न देती हों किंतु उनमें ऐसे स्तंभ अवश्य होते हैं; ये स्तंभ हास, परिहास, व्यंग्य, विनोद, प्रश्नोत्तर, फुलझड़ी चुटकले, कहकहे आदि के रूप में देखे जा सकते हैं। अलग-अलग पत्रिकाओं में व्यंग्य विनोद

अलग-अलग शीर्षकों में प्रकाशित होते हैं। ऐसे 'कादंबिनी' में 'चुटकियाँ' किस्से खोजा फकीर के, ह हा, 'मुक्ता' में 'शाबाश', 'दास्ताने', 'दफ्तर में लड़कियाँ', धर्मयुग में बैठेठाले आदि इसके कुछ उदाहरण हैं।

मुक्ता में प्रकाशित एक व्यंग्य लेख का कुछ अंश प्रस्तुत है : "बधाई का सामान्य ब्याज समय पर नहीं चुकाया तो चक्रवृद्धि की दर से देना पड़ता है। बधाई का लेनदेन आम बात भले ही हो किंतु इसमें भी राजनीति छिपी है वस्तुतः बधाई का मुँह सुरसा के मुँह की तरह विस्तृत है। पर हम भी तो हनुमान से कम नहीं कि उससे दो गुना रूप प्रकट कर धन्यवाद देते हैं। हम हैं कि अनावश्यक मुँह बढ़ाते, बनाते, चलाते, नहीं अघाते और पुनः लघु रूप धारण कर चर्चाओं के मुँह से बाहर निकल आते हैं।

मुझे एक घटना याद है जब सरपंच का देहावसान हो गया मिट्टी में सरपंच के भारी दावेदार गए वहां भी यही चर्चा कुछ ने अग्नि संस्कार के पूर्व ही मरघट में एक दूसरे को बधाई दे डाली चर्चा छिड़ी कि अगला सरपंच कौन होगा मुरदा ठीक से जल भी नहीं पाया पर लोगों को जल्दी थी और इसी जल्द बाजी में उसकी कपालक्रिया कर दी गई।"[13]

स्वतंत्रता कालीन पत्रकारिता में मनोरंजन उधार और हास्य-व्यंग्य प्रधान लेखन को काफी बढ़ावा मिला है, वह इसलिए कि पाठकों की कतार में ऐसे बहुसंख्यक लोग हैं जो 'सीरियस रीडिंग' पसंद नहीं करते। हल्की-फुल्की बातों को ठहाकों में परिवर्तित करके समय को व्यतीत करना ऐसे लोगों का लक्ष्य होता है। खासकर सफर के समय ये ही विनोद प्रधान पत्रिकाएँ यात्रियों का सहारा बनती हैं। रेल सफर की समाप्ति के साथ-साथ ऐसी पत्रिकाओं का कर्तव्य भी पूरा हो जाता है और उनकी भूमिका भी उसी रेल के डिब्बे में समाप्त हो जाती है। व्यावसायिक दृष्टि से इस प्रकार की पत्रिकाओं का आजकल काफी महत्व बढ़ गया है। विनोद प्रधान पत्रिकाओं में बच्चों को ध्यान में रखकर प्रकाशित होने वाली पत्रिकाओं को भी लिया जा सकता है। चंदामामा, पराग, चंपक, नंदन ऐसी बालोपयोगी पत्रिकाएँ वयस्क लोग भी पढ़ते हैं और थोड़े समय के लिए बच्चों की मनःस्थिति को अपनाकर मनोरंजन कर लेते हैं। ये सब आज की विशेष पत्राभिरुचि और उससे संबंधित बदलती संकल्पना के उदाहरण प्रस्तुत करते हैं।

निष्कर्ष

वस्तुतः स्वातंत्र्योत्तर पत्रकारिता के रचना विधान में जो परिवर्तन दृष्टिगत होता है वह समय की माँग के अनुसार हुआ है। समाज में जो चौकसी का विकास हुआ है, आर्थिक और सांस्कृतिक क्षेत्र में जो बदलाव आये हैं उन्हीं को अपने में समेटते हुए साहित्यिक और अर्ध-साहित्यिक पत्रकारिता सीमा रेखाओं से गुजरने के लिए प्रतिबद्ध हो गयी है।

हिन्दी भाषा का क्षेत्रीय विस्तार हिन्दी जानने वालों की संख्या में आयी हुई बढ़ोतरी और जनरुचि में आयी हुई विविधात्मकता ने पत्रधर्मिता के स्वरूप को नए आयामों से जोड़ा है और इसको ऐसी क्षमता प्रदान की है जिससे वह किसी भी चुनौती का सामना करने के लिए तैयार रहे।

संदर्भ

1. वागर्थ, अप्रैल 1999, मुखपृष्ठ
2. भाषा, जनवरी-फरवरी 1992, पृ. 105
3. हिन्दी पत्रकारिता, कृष्ण बिहारी मिश्र, पृ. 4
4. वागर्थ, जून 1999, पृ. 90
5. भाषा, अप्रैल 1992, पृ. 108
6. आजकल, मई 1983, पृ. 3
7. साक्षात्कार, फरवरी 1998, पृ. 99
8. मधुमती, दिसंबर 1998, पृ. 12
9. धर्मयुग, अप्रैल 1992, पृ. 47
10. सारिका, अगस्त 1971, पृ. 81
11. कल्याण पत्रिका, उपासना विशेषांक, जनवरी 1968, पृ. 466
12. सरस्वती, मनोरंजक संस्मरण, 1970, पृ. 254
13. भाषा, जनवरी-फरवरी 1992, पृ. 105

पाँचवाँ अध्याय

नवलेखन प्रयोगधर्मिता और साहित्यिक पत्रकारिता

नवलेखन का स्वरूप और आयाम

स्वतंत्रता के बाद बड़ी तीव्रता के साथ पत्र-पत्रिकाओं का विकास और प्रचार हुआ। इस प्रसार और विकास के मूल में परिवर्तित परिस्थितियाँ, स्वातंत्र्य भावना और अभिव्यक्ति की स्वाधीनता की मनोवृत्ति प्रबल रही है। स्वातंत्र्योत्तर परिस्थिति में लेखकीय स्वतंत्रता का पक्ष प्रमुख होता गया और फलस्वरूप पुरानी मान्यताएँ फीकी पड़ने लगीं। इसमें प्रमुख भूमिका नवलेखक की रही है।

नवलेखन के द्वारा पत्र-पत्रिकाओं में नव चेतना का विकास हुआ और इस नव चेतना से सामाजिक, राजनीतिक और दैनिक जीवन ने अँगड़ाई ली, साथ ही साथ नवलेखन ने सुप्त मानव चेतना को आगे बढ़ाने का कार्य भी किया है। नवलेखन के साहित्य में प्रवृत्त होने के कारण पत्र-पत्रिकाओं में नयी स्फूर्ति जाग्रत होने लगी और प्रकाशित रचनाएँ समाज को पूर्णतः परिवर्तित करने में बहिरंगी और अंतरंगी रूप से ऊर्जा प्रदान करने में सक्षम भी थीं।

नवलेखन के द्वारा मानव मन में स्वाभिमान, आत्मरक्षा का भाव, अस्तित्व के प्रति चिंता और बौद्धिक क्षमता जैसी भावनाएँ विकसित हुईं और पत्रिकाओं की भाषा रूढ़ शैलियों और जटिलताओं से मुक्त होकर आम जनता के समझ की बन गई। फलतः नवलेखन के माध्यम से लोकहित एवं लोकरुचि का परिष्कार भी साध्य होने लगा। उदाहरण के रूप में 'अब' के विशेषांक में प्रकाशित एक कहानी का अंश यहाँ दिया जा रहा है—"सतीश ने बच्ची के साथ खेलते हुए यों ही पूछ लिया था; बेबी तुम मम्मी को ज़्यादा प्यार करती हो या पप्पा को; उसे क्या पता था कि बच्ची का उत्तर क्षण भर के लिए सभी को हतप्रभ कर देगा। बोली, रानी आंटी को।

दोपहर का भोजन करने के बाद जब लोग बड़े कमरे में बैठे थे। सतीश आज सबेरे ही मद्रास से आया था। भैया-भाभी और छोटी बहन रानी के अत्यधिक आग्रह पर पन्द्रह

दिनों की छुट्टी लेकर साढ़े चार साल पहले जब आया था, बेबी कुछ ही दिनों की थी। अब वह बच्ची हँसती, खेलती एक बातूनी गुड़िया बन गयी थी और सतीश को उस पर बड़ा लाड़ आ रहा था।

बच्ची का उत्तर सुनकर रानी को तो प्रसन्नता होनी ही थी लेकिन भैया और भाभी के चेहरों पर एक काली सी झाईं आकर चली गयी। सतीश समझ गया उन्हें बुरा लगा है। नहीं नहीं हम मम्मी और पप्पा में से पूछ रहे हैं। इन दोनों में से तुम किसको ज़्यादा प्यार करती हो? सतीश ने बिगड़ी बात बनाने के इरादे से कहा। लेकिन बच्ची तो जैसे बात बिगाड़ने पर तुली बैठी थी–हम भी सच्ची कह रहे हैं। अंकल, हम रानी आंटी को ही सबसे ज़्यादा प्यार करते हैं।"[1]

नवलेखन की यह विशेषता है कि नया लेखक कोई बात घुमा-फिराकर नहीं कहना चाहता है सीधी शैली और स्वाभाविक अभिव्यक्ति को यहाँ प्रश्रय दिया जाता है। 'बेबी' का जवाब इसका उदाहरण है। और साथ ही समूची पात्र अवधारणा में आने वाली मानसिक प्रतिक्रिया को भी दर्शाया गया है।

उधर मनोवैज्ञानिक दृष्टि से हमारा अधिकांश नवलेखन कुंठा, आशाभंग और मोहभंग का लेखन या साहित्य है। एक से अधिक लेखकों ने इस बात का संकेत किया है कि उसकी वैसी स्थिति का कारण देश और समाज का वातावरण है। कम से कम कुछ ऐसे लेखक जीवित हैं जिन्होंने स्वतंत्रता संघर्ष को अपनी आँखों से देखा था, स्वतंत्रता से बड़ी-बड़ी आशाएँ बाँधी थीं। उनमें से अनेक के लेखन में निर्माण की भावना किसी न किसी रूप से काम करती रही है। वे ही अकसर सामाजिक दायित्व की बात भी करते हैं। लेकिन वह नया लेखक जो स्वतंत्र देश में पैदा हुआ या पला; स्वभावतः देश से देश की सरकार से कुछ आशाएँ रखता है यह आशा प्रायः निर्माण के दायित्व से सहचारित नहीं है इसलिए वह जिस तिस को गाली देता और कोसता है–सरकार को, समाज को, आदर्शों के नारों को और उन परंपराओं को जो वैसे नारों को जन्म देती हैं। चूँकि समाज और उसके नेता औसत नागरिक के अरमानों, आकांक्षाओं को पूरा नहीं कर पाते इसलिए वह उनकी आदर्शवादिता को दंगे करार देता है और उसका उद्घाटन करता है।

कुंठा का एक पहलू का संबंध नागरिक के रूप में जाने जानेवाले लेखन से जुड़ता है तो दूसरा पक्ष अपनी अस्मिता की तलाश करने वाले लेखक के राजकीय पहलुओं से जुड़ता है। इस दोहरी जिंदगी की जिस मनःस्थिति का अनुभव करता है इसकी समानवर्ती स्थितियाँ समाज के पात्रों में भी वह ढूँढ़ निकालता है। इस तरह नवलेखन में कभी-कभी वैयक्तिक अनुभव समाज के बहुसंख्यक लोगों के अनुभव से भी जुड़ जाते हैं।

आधुनिक साहित्यिक परिदृश्य पर सीधी अभिव्यक्ति को कला मूल्य माननेवाले लेखक नवलेखन के अंतर्गत हैं। सीधा अनुभव और वक्तव्य की शैली ये सन् साठ के

बाद के रचना आंदोलनों की मुख्य प्रवृत्तियाँ कही जा सकती हैं। इसके अंतर्गत विविध प्रकार की रचनात्मक बेचैनी और रचना प्रक्रिया, जिनमें कई की दिशाएँ परस्पर विरोधी भी हैं—को शामिल कर लिया जाता है। इन रचना आंदोलनों के भूखी पीढ़ी, अन्यथावाद, आर्थिक अभिव्यक्ति के विभिन्न प्रकार अकहानी और अकविता जैसी साहित्यिक प्रवृत्तियाँ हो जाती हैं। इन सभी आंदोलनों के बीच हमारे युग की युवा पीढ़ी का विक्षोभ, आक्रोश और विद्रोह भाव मूल प्रेरक शक्ति के रूप से देखा जा सकता है। पर ऐसा लगता है कि यह विक्षोभ, आक्रोश और विद्रोह का भाव तथा उसकी दिशा ठीक-ठीक परिभाषित नहीं की जा सकी है, समीक्षा के क्षेत्र में नहीं, स्वयं रचना के क्षेत्र में भी।

विक्षोभ और विद्रोह एक लंबी अवधी के बाद रचनात्मक स्तर पर अपने लिए एक सीमा बना लेते हैं क्योंकि तब लेखक की दृष्टि विद्रोह के आलंबन से पूरी तरह बाँधी जाती है और स्वतंत्र चिंतन पर बाधा पड़ जाती है। इसलिए विद्रोह की आरंभिक स्थिति का महत्व निर्विवाद होते हुए भी बाद की स्थितियाँ उस महत्व को बनाये रखने में सहायक नहीं बनतीं। मूल बात व्यक्ति को स्वाधीनभाव से परिचालित करना और होने देता है। इस स्वाधीन चिंतन और स्वतंत्र विकास की परंपरा और विद्रोह दोनों के पूर्वाग्रह आड़े आ सकते हैं। विद्रोह को परिभाषित करते रहने की प्रक्रिया इसीलिए महत्वपूर्ण है क्योंकि लेखक तभी सोच पाता है कि उसे स्वयं क्या कहना है।

नवलेखन में इस प्रकार की सोच में बाधा का कहीं नामोनिशान तक नज़र नहीं आता है। वर्णन की परंपरित स्थूल भाषा और नयी कविता की अमूर्त और विरूपीकृत भाषा को एक रचना विधान में कैसे संगठित किया जाय, जिससे दोनों के बीच न दिखाई दे और न ही दरार यही नवलेखन की मूल समस्या है। इनके सामने समस्या केवल यथार्थ को प्रस्तुत करने का संकट है और इस संकट संप्रेषण की स्थितियों से भी जुड़ता है।

उदाहरण : "बंटी अपने घर में घूम रहा है। पर अपने घर जैसा कुछ भी तो नहीं लग रहा उसे। सर्दी के दिनों में सांझ से ही चारों ओर अँधेरा घुसने लगता है। और जैसे तैसे अँधेरा घुलता जा रहा है सब कुछ और ज़्यादा अपरिचित होता जा रहा है। यहाँ तो आसमान भी पहचाना हुआ नहीं लगता हवा भी पहचानी हुई नहीं लगती। अपने घर का आसमान और अपने घर की हवा कहीं ऐसे होती है?"[2]

इस प्रकार नवलेखन का स्वरूप और आयाम समय की आवश्यकता के अनुरूप होते हुए भी व्यक्ति चेतना के और व्यक्ति चिंतन के कई पड़ावों से गुजरता है। आक्रोश, निराशा, कुंठा जैसी विरोधात्मक स्थितियों से गुजरनेवाली लेखकीय चेतना कहीं-कहीं संवेदना के ऐसे पक्षों को भी छू जाती है जहाँ व्यक्ति महामानव का स्वरूप धारण करता है। इस तरह नवलेखन का प्रारंभिक चरण और उसकी प्रतिबद्धात्मकता हिन्दी साहित्य और पत्रकारिता दोनों के लिए दिशा निर्देशक सिद्ध होते हैं।

स्वातंत्र्योत्तरकालीन पत्रधर्मिता पर नवलेखन का प्रभाव

स्वातंत्र्योत्तरकालीन पत्रधर्मिता की दिशाएँ अत्यंत परिवर्तनशील दिखाई पड़ती हैं। समय के साथ चलने की माँग ने पत्रकारिता को नयी दिशाएँ प्रदान की हैं। नवलेखन कालीन प्रभाव इस साधना में देखा जा सकता है। लेखन की सुष्ठता (integrity), सूक्ष्मता (accuracy), फर्ज या कार्यभार (responsibility), आदि बातें स्वातंत्र्योत्तर पत्रधर्मिता में प्रमुख बन जाती हैं।

पत्रधर्मिता का गहरा संबंध पत्र-पत्रिकाओं के आदर्शों से है। पत्र-पत्रिकाओं को शासन और शक्तिमान पूँजीपतियों के हाथ की कठपुतली न बनना है। तथ्यों को सही-सही प्रकाशित करना और विचारों के प्रकटीकरण में पक्षपात न करना अत्यंत महत्वपूर्ण बात है।

नवलेखन के जरिये सर्वसाधारण को वैज्ञानिक, राजनीतिक, आर्थिक और सामाजिक समस्याओं के विषय में प्रबुद्ध करने के लिए ईमानदारी से प्रयास और इसके दौरान प्रभावी लोकमत तैयार करने का कार्य संभव है इसलिए स्वातंत्र्योत्तर पत्र-पत्रिकाओं में समाज के विकारों का परिष्कार, सार्वजनिक अधिकारों की रक्षा, स्वस्थ जनमत का निर्माण एवं सन्मार्गों पर सतत चलते रहने की प्रेरणा नज़र आने लगी।

पत्रधर्मिता को मूल्यवत्ता देने के कारण नवलेखन में चिन्तन दृष्टि और मनन तथा लेखन में प्रेषणीयता की शक्ति भी निहित होती है। नवलेखन में मानवीय गुणों का उद्रेक, आर्थिक, सामाजिक परिवर्तन तथा उद्‌भावना भी द्रष्टव्य है। उधर पत्रधर्मिता सभी मानवीय आवश्यकताओं की पूर्ति के लिए स्वीकार्य मानक दृष्टि पर चलती है। इसलिए इन दोनों का चोली-दामन का संबंध है। इस बिन्दु पर नवलेखन के आयाम पत्रधर्मिता को प्रभावित करते हैं। परंतु पत्रधर्मिता के स्वरूप को रूपायित करने वाले तत्व वे जागरूक यथार्थ हैं जिनका जन-जीवन से सीधा संबंध होता है इस कारण पत्रकार को जनहित की रक्षा के साथ-साथ अपने व्यवसाय की रक्षा का भी भार उठाना पड़ता है। इस सुविधाजनक स्थिति में पत्रधर्मिता कभी-कभी अपने लक्ष्य की प्राप्ति में असुविधा का अनुभव करती है। स्पष्ट पत्र नीति का आधार पूँजी निवेश करने वाले व्यक्ति या व्यवस्था के विरुद्ध नहीं संपादक बहुत कम ही कर सकता है। उधर जनसत्ता को अनदेखा करना भी कठिन कार्य हो जाता है तो पत्रधर्मिता कई मुद्दों से जुड़ कर एक विशेष परिस्थिति में रूपायित होती है और इसका सीधा प्रभाव नवलेखन में नज़र आता है, क्योंकि नवलेखन का भी जनसहयोग एवं जनचेतना से गहरा संबंध है। इस संदर्भ में हकीकत को हम अनदेखा नहीं कर सकते हैं कि हमारे देश के समूचे जनजीवन में सामाजिक संत्रास, राजनीतिक छलावा, आर्थिक अस्थिरता, प्रशासनिक, विवेकहीनता, अतिचार, अनाचार, दुराचरण और शोषण का बोलबाला है। यहाँ सपाट कलम घिसते हुए कोई भी पत्रकार या नवलेखक अपना दायित्व निभा नहीं पाएगा।

नवलेखन और व्यावहारिक पत्रधर्मिता

स्वतंत्रता के पश्चात् पत्रधर्मिता को व्यावहारिक आयाम प्राप्त होने लगा है इसलिए पत्रकार एक ही किस्म के समाचारों के प्रस्तुतीकरण में नहीं बल्कि प्रांतीय, राष्ट्रीय, अंतर्राष्ट्रीय वार्ता को भी ध्यानपूर्वक दृष्टि से परखने लगे हैं। नवलेखन में जनजीवन के साधारण से साधारण पक्षों को छूने का प्रयास किया है और इसके परिणामस्वरूप कस्बे, गाँव और क्षेत्रीयता से जुड़े हुए विषय ध्यान आकर्षित करने लगे हैं। वस्तुतः इसका प्रभाव व्यावहारिक पत्रकारिता पर भी पड़ा है। पहले गाँव और कस्बों की ओर संपादकों का और रिपोर्टरों का ध्यान कम जाता था, परंतु साठोत्तरी काल में हुए परिवर्तनों ने जनजीवन की ज़रूरतों को समाचार-पत्रों में स्थायी स्थान प्रदान किया। क्षेत्रीय सर्वेक्षण, किसानों की समस्याएँ, कृषि संबंधी समस्याएँ आदि के अध्ययन के साथ-साथ पीने के पानी की समस्या, स्वास्थ्य की समस्याएँ आदि क्षेत्रीयता से जुड़ कर स्थान पाने लगीं। स्वतंत्रता पूर्व ऐसी कई पंक्तियाँ समाचार-पत्रों में या पत्रिकाओं में दिखाई पड़ती थीं। स्पष्टतः समय की माँग और नवलेखन के प्रभाव ने पत्रधर्मिता को नये मोड़ लेने के लिए बाध्य किया है।

परंतु पत्रधर्मिता जनजीवन और क्षेत्रीयता से मात्र जुड़कर अपना अस्तित्व बनाये नहीं रख सकती क्योंकि बड़ी पूँजी के लालच से पत्र व्यवसाय का आरंभ किया जाता है; इसलिए पूँजी की रक्षा करने के उपायों के बारे में ही संपादक को ध्यान देना पड़ता है, इसी कारण नवलेखन के प्रभाव को स्वांशीकृत करते हुए ही पुरानी स्थितियों के प्रति नकारात्मक दृष्टि अपनाना पत्रकार के लिए कठिन हो जाता है। अतः व्यावहारिक पत्रकारिता में बीच-बचाव का रास्ता ढूँढ़ा जाता है जिसमें सभी प्रकार की विधियों का समन्वय हो। यदि किसी विशेष सूची पर बल देना है तो ऐसा करते समय भी दूसरे समुदाय या वर्ग या जाति और धर्म पर वार करने की स्थिति न आने पाए। आज कल के समाचार-पत्रों में अधिकांश इस तरह की मनोवृत्ति देखी जा सकती है।

जनचेतना और नवलेखन

साहित्य का ध्येय ही जन मानस का विकास एवं संस्कार है। साहित्य की रचना और प्रेषणीयता का आधार मानसिक वृत्तियाँ और जीवन की सहज अनुभूतियाँ हैं और साहित्य की वास्तविक सत्ता संवेदनात्मक सौंदर्य में निहित है। अंग्रेज़ी के कवि एवं आलोचक मैथ्यू आर्नोल्ड की धारणा है कि बुद्धि द्वारा अनुमोदित सौंदर्य ही साहित्य हो सकता है।

साहित्य का लक्ष्य लोकहित का साधन और लोकरुचि के अनुसार प्रस्तुत होना है। उसे पाठकों के लिए—जनता के लिए—उपादेय होना पड़ता है। इसलिए ही समय-समय पर साहित्य के इन उपयोगितावादी सिद्धांतों पर जोर दिया है। भारतीय आचार्यों में रामचन्द्र

शुक्ल जैसे आधुनिक युग के आचार्य एवं पाश्चात्य आचार्यों में प्लेटो, रस्किन टॉलस्टाय आदि आचार्यों ने भी साहित्य के इन सिद्धांतों का समर्थन किया है। प्रसिद्ध पाश्चात्य विद्वान रस्किन के अनुसार लोकादर्श की स्थापना ही साहित्य का लक्ष्य है।

हर युग में जीवन मूल्य बदलते हैं और उनके साथ ही साहित्य का उद्देश्य भी बदल जाता है। इसलिए सामयिक साहित्यकार परंपरागत संश्लिष्ट सांस्कृतिक परंपरा एवं सामाजिक चेतना प्रवाह से संबद्ध होकर अपनी बातों को—निजी अनुभूतियों को—औरों के प्रति अभिव्यक्त करता है। ऐसे लेखकों की भरमार हिन्दी में प्रेमचंद एवं मुक्तिबोध जैसे प्रबुद्ध रचनाकारों के समय से जारी है। उस पीढ़ी के लेखक समाज सुधारवादी भावना को अपनी रचनाओं में बरकरार रखते थे, साथ ही साथ जनता के पक्ष में और जनता के हित के लिए लिखते थे; लेकिन आधुनिक जीवन की विसंगतियों ने ऐसी रचनाओं की ओर जनता को अधिक आकृष्ट होने के लिए बाध्य नहीं किया; अगर किसी ने इसमें दिलचस्पी रखने की कोशिश की है तो वह शायद साहित्य का प्रबुद्ध अध्येता या बुद्धिजीवी ही होगा। आम जनता या आम पाठक अपनी रुचि के अनुसार ही साहित्य को अपनाते हैं।

जन चेतना हमेशा प्रबुद्ध पाठकों की तुलना में नहीं बल्कि साधारण पाठकों को ध्यान में रखकर आँकी जाती है। चेतना से तात्पर्य जनता की रुचि से है अर्थात् जनता हमेशा अपने लिए प्रिय साहित्य की तलाश करती रहती है। आभिजात्य वर्ग की रुचि के अनुसार साहित्य सृजन की परंपरा अत्यंत पुरानी है; लेकिन इससे साहित्य की प्रयोगधर्मिता फिलहाल पूरी नहीं हो सकती, क्योंकि प्रबुद्ध पाठकों की संख्या साधारण पाठकों की तुलना में कम होती है। इसलिए नवलेखन में इसके प्रति विशेष ध्यान दिया जा रहा है।

इस दृष्टि से देखा जाय तो नवलेखन में हमें जनचेतना के कई पक्ष नज़र आने लगते हैं—जैसे जनचेतना का सामान्य पक्ष, विशिष्ट पक्ष और साहित्यिक पक्ष।

जनचेतना का सामान्य पक्ष

इसके अंतर्गत ऐसी पत्रिकाओं एवं सामग्रियों को रखा जा सकता है जो सर्वाधिक लोकप्रिय हों। जिसे अधिक गौर से पढ़ने या समझने की आवश्यकता नहीं होती। ये सरल एवं प्रांजल शैली में रचित होता है और मूलतः इसका उद्देश्य मनोरंजन ही होता है। इसके अंतर्गत लोक कथाओं का पुनर्लेखन आदि कार्य जनता में लोकप्रियता बढ़ाने के वास्ते प्रस्तुत किये जाते हैं। सामान्य पक्ष के उदाहरण पाठकों को धर्मयुग, सरिता, मनोहर कहानियाँ जैसे साधारण पाठकों के लिए अधिक रुचिकर पत्रिकाओं से प्राप्त होने लगते हैं। सामान्य पक्ष के अंतर्गत वार्ता पक्ष को भी विशिष्टता से दिखानेवाला एक उदाहरण यहाँ प्रस्तुत है :

अंतर्जातीय विवाह
त्यागनी होगी
संकीर्णता

"अंतर्जातीय विवाह को अकसर लोग अपने अहं पर सीधे चोट मानते हैं, अपने धर्म, जाति के थोथे आदर्शों के दंभ में ऐसी शादियों का जोरदार विरोध करते हैं, जब कि सच तो यह है कि अंतर्जातीय विवाहों ने पारंपरिक विवाहों की कई जटिलताओं को समाप्त कर दिया है।"[3]

जनचेतना का विशिष्ट पक्ष

विशिष्ट पक्ष का लेखन प्रबुद्ध एवं साहित्य के प्रति अपेक्षाकृत ज़्यादा रुचि रखने वाले पाठकों पर ध्यान केंद्रित कर किया जाता है। उदाहरणार्थ विशिष्ट पक्ष के अंतर्गत दो लेख प्रस्तुत हैं जो क्रमशः समीक्षा एवं आजकल पत्रिकाओं में प्रकाशित हुए हैं–समीक्षा से उद्धृत–'हवाबाज' गोविंद मिश्र का नौवां कहानी संग्रह है जिससे एक कथाकार के रूप में उनकी सतत लेखन यात्रा का पता चलता है। सातवें दशक में लेखन आरंभ करनेवाले महत्वपूर्ण कथाकारों में गिरिराज किशोर की तरह गोविंद मिश्र भी ऐसे कथाकार हैं जो पूर्णकालिक नौकरियों में व्यस्त रहते हुए भी लगातार लिखते रहे और अभी भी लिख रहें हैं। जाहिर है कि सतत लेखन प्रक्रिया के फलस्वरूप उन्होंने पर्याप्त मात्रा में सर्जनात्मक लेखन किया जिसमें से कई कहानियाँ और उपन्यास गुणात्मक दृष्टि से भी महत्वपूर्ण सिद्ध हुए और चर्चित एवं पुरस्कृत भी हुए।

जहाँ तक प्रस्तुत कहानी संग्रह का संबंध है इसकी कहानियाँ पठनीयता और प्रासंगिकता के बावजूद प्रभाव की दृष्टि से किंचित कमज़ोर हैं। उनमें स्थितियों का द्वन्द्व पूरी तरह उभरकर सामने नहीं आ पाया है। यों इस तथ्य से सभी परिचित हैं कि आज की कहानी वास्तविकता पर आधारित होती है इसलिए संस्मरणात्मक भी हो सकती है।"[4]

आजकल से उद्धृत एक प्रकरण यों है : "उदयशंकर भट्ट का मानना है कि साहित्य जीवन की अजस्र धारा है जो मानव जाति के साथ-साथ चलती है। यदि युग धाराओं

को प्रतिबिंबित करता है तो वह उन शाश्वत सत्यों की व्याख्या भी करता चलता है जो युग-युगांत से मानव को आलोकित करता रहता है। साहित्यकार जीवन की समस्याओं की कठोर अभिव्यक्ति को रोक नहीं पाता तब लिखता है।"[5]

उपर्युक्त दोनों उदाहरणों से दोनों पीढ़ियों के लेखकों की दृष्टि अभिव्यक्त होती है। साहित्यिक पत्रिका के विशेष पक्ष को ये उभारते हैं।

जनचेतना का साहित्यिक पक्ष

लेखन में साहित्यिक पक्ष जनता की साहित्यिक अभिरुचि को ध्यान में रखते हुए किया जा रहा है। वैसे तो आधुनिक युग में लोगों में साहित्यास्वादन की क्षमता घटती जा रही है। नवलेखन जनता में साहित्यिक आस्वादन से क्षमता की वृद्धि की ओर ज़्यादा ध्यान दे रहा है। "कुछ प्रतिभाएँ अपना सर्वाधिक मूल्यवान और सर्वोच्च देकर कुछ इस तरह निःशेष हो जाती हैं कि उसके बाद की उनकी सक्रियता रस्म अदायगी जैसी लगती है। कारण शायद यह जीवन के कुछ खास हिस्सों से उनका जैसा गहरा और सघन लगाव होता है उसे रचनात्मक स्तर पर निरुपादित कर उनके पास जो बचता है वह अनुभवता कम उसकी सूचना अधिक होती है। सूचना को अनुभवों में ढालकर कहानी का जो ढाँचा खड़ा किया जाता है उससे जब न तो संवेदनों की ओर समृद्धि दिखती है न वैसी जीवन कथा-तंत्र जिससे गुजरते हुए पाठक को किसी ऐसे अभिनय अनुभव बोध की प्रतीति हो जिसे भारतीय आचार्यों ने अपूर्वता की संज्ञा दी है।"[6]

सारिका, सरिता, धर्मयुग, साप्ताहिक हिन्दुस्तान जैसी पत्रिकाओं ने अपने विशेषांकों के जरिये न सिर्फ देश भर में गंभीर पाठकों की तलाश की, अपितु उन्हें साहित्य और रचनात्मकता के एक नए किन्तु बेहतर संसार से परिचित भी कराया है।

आर्थिक और व्यावसायिक कई तरह की दिक्कतों का सामना करते हुए भी अपनी जनपक्षधरता का परिचय दिया और भौगोलिक समा रेखाओं को लाँघते हुए शोषित पीड़ित जनता के पक्ष में, तानाशाह, लुटेरी तथा आतंकवादी ताकतों की कठोर आलोचना की है। इसके साथ ही गरीब किसानों, खेतिहर तथा मिल मज़दूरों पर होने वाले सामंती और पूँजीवादी अत्याचार; नारीशोषण; बाल मज़दूरी; महँगाई, बेरोजगारी तथा आदिवासी और दलितजनों के जीवन की विसंगतियों को उजागर करते; उनके सही कारणों की जाँच पड़ताल करने तथा उन सबके खिलाफ भुक्ताभोगी जनता को सचेत-संचेष्ट बनाने की दृष्टि से रचा गया साहित्य भी इन पत्रिकाओं में प्रकाशित किया है।

पत्रकारिता पर मीडिया की चुनौतियाँ

लेखक की दृष्टि से मीडिया के श्रव्य-दृश्य साधन रचनाकर्म के लिए कोई चुनौती नहीं

बन सकता, क्योंकि रचना के क्षणों में साहित्यिक साधना के प्रति समर्पित साहित्यकार के मन में बाह्य माध्यमों की सत्ता और प्रभाव का कोई मान नहीं रहता। उसकी सृजनानुभूति में बाह्य परिवेश का प्रभाव अनिवार्यतः रहता है, पर वह उसकी प्रगाढ़ अनुभूति में घुल मिलकर इतना संश्लिष्ट और एकाकार हो जाता है कि उसे रचना प्रक्रिया के दौरान उसके पृथक अस्तित्व का बोध ही नहीं रहता। रचनात्मक दबाव के क्षणों में लेखक का उद्देश्य अपनी अनुभूति की मात्र ईमानदार और सहज अभिव्यक्ति होती है समाज की कोई माँग या आवश्यकता की पूर्ति नहीं। यह पूर्ति तो उसके सृजन की सहज और अनिवार्य परिणति है : फिर भला वह श्रव्य-दृश्य साधनों के प्रभाव से क्यों आतंकित या सम्मोहित होगा? एक और बात यह है कि साहित्यकार अपनी अभिव्यक्ति के माध्यम के प्रति इतना आश्वस्त होता है कि उसके संवेदनात्मक प्रभाव के समक्ष उसे जनसंचार के प्रदर्शनात्मक माध्यम बहुत हल्के और दोयम दर्जे के लगते हैं। वह जानता है कि साहित्य के सत्यान्वेषण की प्रक्रिया अपनी कलात्मक अभिव्यक्ति में नित नये सैन्दर्य का उद्घाटन करती है और पाठक अपनी कल्पना से उनका पुनःसर्जन कर एक और ही आनन्द का अनुभव करता है। सहृदय पाठक इसी आनंद के लिए साहित्य के प्रति आकृष्ट होता है।

जीवनानुभव को समृद्ध कर चेतना का विस्तार करना साहित्यरूपी माध्यम की अनन्य विशेषता है जिसकी प्राप्ति किसी भी श्रव्य-दृश्य संचार माध्यम के द्वारा संभव नहीं हो सकती। गंभीर साहित्य के पाठक प्रत्येक युग में कम रहे हैं आज भी कम हैं पर उनकी पठन रुचि की परितृप्ति किसी भी अन्य माध्यम के जरिये नहीं हो सकती, इस सत्य को साहित्यकार भली भाँति जानता है। वस्तुतः पाठकों की समस्या उसके रचनाकर्म का अंग नहीं है यह समस्या प्रकाशकों की है, जिसे वे निहितार्थों से प्रेरित होकर अतिरंजित रूप में पेश करते हैं, इसलिए सृजनशील साहित्यकार के मन में साहित्य के भविष्य के प्रति कोई आशंका नहीं है। वह जानता है कि संचार के ये आकर्षक माध्यम साहित्य का विकल्प नहीं हो सकते और जनता के मनमंदिर में साहित्य का स्थान सदैव अक्षुण्ण रहेगा। संचार माध्यमों और साहित्य के माध्यमों के रूप में तुलना असंगत है। दूरदर्शन और साहित्य को ही ले दोनों स्वतंत्र विधाएं है जिनका अपना-अपना अनुशासन है, प्रकृति प्रयोजन और प्रक्रिया की दृष्टि से भी दोनों में पर्याप्त भिन्नता है दूरदर्शन प्रसारण का यंत्र है और साहित्य संप्रेषण का माध्यम। प्रसारण, यंत्र द्वारा समूह के लिए होता है और संप्रेषण व्यक्ति द्वारा व्यक्ति तक। दोनों के प्रभाव में भी काफी अंतर है। एक ही कृति लिखित होने पर ऐसा प्रभाव कदाचित संभव नहीं हो सकता। कृति को पढ़ते समय जो सूक्ष्म बिंब पाठक के मन पर उभरते हैं वे दूरदर्शन के दृश्यात्मक साधनों की पकड़ से बाहर है; इसलिए मूलकृति के पाठकों को उसका दृश्यात्मक प्रसारण परितृप्ति नहीं दे पाता। दूरदर्शन के प्रसारण का प्रभाव प्रचारात्मक है और लिखित साहित्य का मन की गहराइयों को छूने

वाला और आनंद मूलक है। प्रयोजन और आस्वाद की दृष्टि से दोनों भिन्न हैं। इस दृष्टि से भी साहित्यिक कृति का आस्वाद विशिष्ट और अनुपम है।

उधर श्रव्य-दृश्य साधनों ने साहित्य को जन-जन की जानकारी तक पहुँचाने का कार्य किया है। जो साहित्य अभिजात वर्ग तक सीमित था उसकी झलक इन लोगों तक पहुँची है जो उसके पठन-पाठन से वंचित थे।

आज तक, आँखों देखी जैसे दूरदर्शन के स्तरीय कार्यक्रम संक्षिप्त एवं पूर्ण रूप से ज्ञानदायक तथा दिलचस्प हैं। ये कार्यक्रम रिपोर्टिंग के नजरिये से भी एकदम अव्वल श्रेणी के हैं। टर्निंग पोइंट जैसे बहुत लंबे एवं उबाऊ कार्यक्रम भी इन दृश्य माध्यमों के जरिये द्रष्टव्य हैं।

अतः कहा जा सकता है कि संचार साधनों द्वारा प्रसारित नयी सूचनाओं से समाज के मानसिक क्षितिज का विस्तार होता है; समाज में नयी आशाएँ, नयी आकांक्षाएँ पैदा होती हैं। नयी अभिरुचियों, समस्याओं के समाधान के नये बोध प्रकट होते हैं तथा प्रयोग और शुद्धीकरण की प्रवृत्ति भी जाग्रत होती है। इस प्रकार कहा जा सकता है कि संचार माध्यम आज के सामाजिक विकास का मुख्य अभिवक्ता है।

मीडिया निश्चित रूप से मानव जाति से जुड़ी कुछ मनोवैज्ञानिक आवश्यकताओं एवं सामाजिक प्रवृत्तियों को तुष्ट करता है, लेकिन संचार की सार्थकता केवल यहीं तक नहीं है। संचार तकनीकों से पूरी तरह से फायदा उठाने के लिए नियोजकों एवं मीडिया की दूसरी क्षमताएँ क्या हैं जो सूचना संप्रेषण के लिए संवेगात्मक अनुभव को प्रेरित करने के लिए या जीवन के बारे में और अंतर्दृष्टि प्राप्त करने के लिए सशक्त माध्यम के रूप में कहाँ तक भूमिका अदा कर सकते हैं। हमारे देश में समस्या यह है कि जन माध्यमों से जुड़े उच्च अधिकारी मीडिया का एकमात्र प्रयोग जन मनोरंजन के लिए करना चाहते हैं। आजकल टी. वी. अनपढ़ जनता के लिए नशा बन चुका है। निरक्षर लोग बिना कुछ सोचे समझे इन कार्यक्रमों को काफी रुचि के साथ देखते हैं, जिनमें उपभोक्ता उत्पादों से संबंधित आकर्षक विज्ञापनों की भरमार होती है; भले ही ये उपभोक्ता वस्तुएँ उनकी पहुँच के बाहर हों। विज्ञापनों से लदे इन कार्यक्रमों की प्रवृत्ति ऐसी होती है कि लोग, विशेषकर निचले तबके के लोग, जीवन की अपेक्षाकृत अच्छी बातों से, उच्च आदर्शों से, विमुख होने को बाध्य हो जाते हैं।

सूचना और प्रौद्योगिकी के युग में मीडिया के बढ़ते प्रभाव को देख कर साहित्य के भविष्य के बारे में चिंता व्यक्त करते हुए कहा जाता है कि साहित्य का अस्तित्व खतरे में है। कारण यह है कि मीडिया ने मनुष्य की सृजनशक्ति और पठन रुचि को कम कर अक्षर संस्कृति के विकास में बाधा उत्पन्न की है तथा उपभोक्ता संस्कृति के आकर्षक प्रचार-प्रसार ने समाज में ऐसा वातावरण पैदा कर दिया है जिससे मानवीय संवेदना और

मूल्यों का ह्रास हो रहा है। संवेदनशून्यता के ऐसे माहौल में साहित्य के सृजन और पठन की कैसे अपेक्षा की जा सकती है? भावात्मक साहित्य की सर्वथा उपेक्षा कर तथ्यों और आँकड़ों की सूचना को अधिक उपादेय बताते हुए कहा जा रहा है कि आज के युग की तेजी से बदलती गति और जटिल मानसिकता को ऐसे दस्तावेजी साहित्य के माध्यम से ही प्रतिबिंबित किया जा सकता है।

पत्रकारिता में तो इंटरनेट का प्रयोग तेजी से बढ़ ही रहा है। साहित्य के क्षेत्र में भी यह संभावना व्यक्त की जा रही है कि ईस्वी सन् के दो हज़ारवें वर्ष का उपन्यास सिलोलॉयड पर रचा जाएगा। पुस्तक के माध्यम से लिखित साहित्य का आस्वादन करने वाले पाठकों के लिए यह स्थिति कितनी भयावह और निराशाजनक होगी, इसकी कल्पना की जा सकती है। इन सब स्थितियों का साहित्य सर्जना पर कुल मिलाकर विरोधी असर पड़ सकता है। वीडियो केसेटों की रंगीन दुनिया साहित्यकार की सर्जना को दृश्यबोध से जोड़ने की कोशिश में लगी रहती है; सौंदर्य ऐसे चित्र, प्रकृति की विनोद छवि संगीतमयी वातावरण आदि के माध्यम से निर्देशक और छायाकार टी.वी. के माध्यम से किसी भी रचना को प्रस्तुत करता है तब रचना इतनी सुंदर और अतिशयकारी हो जाती है कि दर्शक शब्दहीन हो जाता है। वास्तव में तेज रफ्तार से चलनेवाली ज़िन्दगी की चुनौतियों के बीच मीडिया से प्राप्त आस्वादन का दृश्य सौंदर्य वैसे किसी भी महान साहित्य रचना को पढ़कर एकदम प्राप्त नहीं हो सकता। यहीं पर मीडिया के सामने साहित्यकार की रचनाधर्मिता चुनौतियों का सामना करता है।

पत्रकारिक भाषा और शैल्पिक प्रयोगों में नवीनता

भाषा की दृष्टि से मासिक पत्रों में छपनेवाली रचनाओं का चयन और प्रकाशन में सावधानी अत्यंत अपेक्षित है। दैनिक समाचार-पत्रों में भाषिक त्रुटियाँ इसलिए प्रायः क्षम्य मान ली जाती हैं कि उनका सारा काम जल्दी में होता है। किन्तु पत्रिकाओं की बात बिलकुल भिन्न है, शिष्ट और सुबोध भाषा में की गई अभिव्यक्ति में भाषा या प्रूफ की अशुद्धियाँ रसभंग कर सकती हैं। यहाँ इसकी भाषा युगीन साहित्यकारों एवं बौद्धिक समुदाय से विशेष संबंध रखती है जबकि दैनिक व साप्ताहिक पत्रों की भाषा जन सामान्य के अधिक निकट होती है। अतः आवश्यक है कि मासिक पत्रों की विविध रचनाओं तथा संपादकीय लेखों की भाषा सुस्पष्ट, सहज और प्रसाद गुण से परिपूर्ण हो।

नवलेखन के दौरान भाषा-शैली को नया तेवर और नयी धार मिली हुई थी; शैली निश्चयात्मक हो गयी थी फलस्वरूप व्यक्ति एवं समाज की चेतना जाग्रत होने लगी तथा नयी दिशा मिलने लगी इस प्रकार अभिव्यक्ति क्षमता को भी नयी शक्ति प्राप्त होने लगी।

नवलेखन का पत्रकारिता के क्षेत्र में हस्तक्षेप करने के फलस्वरूप बोलचाल व

सामान्य जन की भाषा को परिष्कृत जन भाषा का रूप प्राप्त होने लगा। जिससे भावों की अभिव्यक्ति अधिक सफल रूप से होने लगी। बोलचाल के शब्दों का प्रयोग, नित नवीन शब्दों का निर्माण और दिन प्रतिदिन घटित होने वाले विविध प्रकार की घटनाओं के परिप्रेक्ष्य में निर्मित नयी शब्दावली आदि भी इस जन भाषा की विशेषता है।

भाषा की सरलता को अधिकाधिक प्रोत्साहित करने के उद्देश्य से दीर्घ वाक्यावली के स्थान पर, छोटे-छोटे किन्तु आकर्षक वाक्यों का प्रयोग करके पत्रकारिता ने जिस शैल्पिक क्षमता का विकास कर हिन्दी को संवारा है उससे भाषा और व्यक्ति का आपसी संबंध गहरा हो गया। इससे यह बात स्पष्ट झलकती है कि स्वातंत्र्योत्तर हिन्दी पत्रकारिता का स्वरूप, खासकर साठोत्तरी भाषिक स्वरूप सरल, बोधगम्य और संप्रेषण की क्षमता से युक्त हो गया है। फलस्वरूप पाठकों की ऊब को समाप्त करने एवं शैलीगत जड़ता को तोड़ने में सक्षम शैलियाँ विकसित होने लगीं; ऐसी शैलियाँ अखबारों एवं साप्ताहिक, मासिक एवं त्रैमासिक पत्रिकाओं में नज़र आने लगीं। शैली के ये गुण अधिक विकसित होने के कारण छोटे-छोटे वाक्यों को लिखने की और रुचि बढ़ने लगी। इस प्रकार सरस और रोचक शैली साठोत्तर काल में पर्याप्त मात्रा में पत्र-पत्रिकाओं में दिखाई पड़ने लगी।

प्रस्तुत शैलियों में सूत्र व्याख्या शैली अधिक प्रचलित है—इस प्रकार की शैली समाचार-पत्रों में ही अधिक दृष्टिगत होती है। इसमें पहले सूत्र रूप में बात प्रस्तुत की जाती है फिर विस्तार से उस सूत्रात्मक बात का विश्लेषण दिया जाता है।

उदाहरणार्थ दो वाक्य प्रस्तुत हैं—

नवभारत टाइम्स

"लोक सभा चुनाव के प्रथम चरण में 60 प्रतिशत मतदान।
1068 प्रत्याशियों का भाग्य मतपेटियों में बंद।
बेल्लारी में 65 प्रतिशत मत पड़े।
आंध्र में सर्वाधिक हिंसा।
पुलिस की गोली से 3 मरे।
पोलिंग एजेंट की हत्या।"[7]

पाठक का ध्यान आकर्षित करने के लिए ये सूत्रात्मक वाक्य गहरे शीर्षक के रूप में मोटे मुद्राक्षरों में छापे जाते हैं। इस शैली से खबर देने वालों का इरादा खूब स्पष्ट हो जाता है। तेज़ रफ्तार की आज कल की जिन्दगी में पूरी खबर पढ़ने का वक्त जनता के पास नहीं होता है इसलिए शीर्षकों को पढ़कर वे पूरा अर्थ लगा लेते हैं।

आधुनिक युग में पत्रकारिता का क्षेत्र में अनुसंधान होता रहा है लेकिन पत्रकारिक भाषा का पक्ष अछूता रह गया है। समाचार-पत्रों में प्रयुक्त भाषा का स्वरूप पत्रिकाओं से भिन्न है और साहित्यिक दृष्टि से कम महत्वपूर्ण है लेकिन एकदम आमफहम भी नहीं होती

अर्थात समाचार-पत्रों की भाषा साहित्यिक और आम जनता की भाषा के मध्य की होती है। समाचार-पत्रों द्वारा प्रयुक्त भाषा का प्रभावक्षेत्र व्यापक है। फलतः लोक व्यवहार में वही भाषा अधिक स्वीकृत होती है। समाचार-पत्रों की भाषा संकर होती है—जैसे नवभारत टाइम्स ने 'सर्किट भवन', 'कम्मीशन लिप्सा' जैसे शब्द चलाये हैं, तो हिन्दुस्तान ने 'बैटरीचालित' जैसे मिश्रित शब्दों का प्रयोग शुरू किया।

परसर्गों से विविध अर्थों में प्रयोग मुद्रण वर्णों व यंत्रों, समाचार-पत्रों के कॉलम के स्थान तथा पत्र की साज सज्जा के अनुरूप भाषा में यथेष्ट परिवर्तन, जनता को आकर्षित करने के लिए भाषा का चामत्कारिक एवं सम्मोहक शैलीगत प्रयोग, नवीन वस्तुओं, आविष्कारों एवं आंदोलनों के लिए नये शब्दों की रचना, राजनीतिक प्रतिबद्धता, अनुरूप घटनाओं की व्याख्या और वर्णन शैली, प्रादेशिकता और स्थानीय रंग का मिश्रण, इनके प्रयोग और मिश्रण समाचार-पत्रों में होता रहा।

ग्रामीण संवाददाताओं से लेकर प्रधान संपादक तक की अनेक लेखनियाँ समाचार-पत्रों की भाषा को स्वरूप प्रदान करती हैं। हिन्दी अखबारों के सामने तो अन्य कई विवशताएँ हैं। जैसे अंग्रेज़ी में प्राप्त समाचारों का अनुवाद, टाइप के फैलाव के कारण, प्राप्त समाचारों का संक्षेपीकरण, अंचलों में हिन्दी भाषा के विविध क्षेत्रीय, वर्तनीगत वैविध्य आदि। इन्हीं के कारण समाचार-पत्र का भाषा-शैली में गुण-दोष, प्रवाह और बाधाएँ आती हैं।

कभी-कभी किसी विशेष परिस्थिति के लिए शब्द भाषा, या अभिव्यंजना पद्धति को गढ़ने की समस्या का सामना भी हिन्दी अखबारों को करना पड़ता है। इसके लिए उन्हें प्रचलित पद्धतियों से हटना पड़ता है और व्याकरणिक मान्यताओं का उल्लंघन भी करना पड़ता है। कभी-कभी किसी जटिल पद्धति को लोकप्रिय बनाने की जिम्मेदारी भी समाचार-पत्रों पर आ पड़ती है। भाषाशास्त्रियों ने भी इस तथ्य की ओर बार-बार संकेत किया है कि प्रयोग क्षेत्रों के अनुसार भाषा एक विशिष्ट स्वरूप धारण कर लेती है और अपनी शब्दावली या तो स्वयं विकसित कर लेती है अथवा प्रचलित शब्दावली में से ही चुन लेती है। इस स्वरूप और शब्दावली के कारण ही विशिष्ट क्षेत्र में प्रमुख भाषा सामान्य और साहित्यिक भाषा से अलग प्रतीत होने लगती है। पत्रकारिक भाषा की यही स्थिति है।

रिपोर्टिंग की नयी शैली

रिपोर्टिंग प्रत्येक माध्यम का आधारभूत तत्व है। समाचार-पत्रों से समाचार रिपोर्टिंग एवं पत्रिकाओं के सूचना रिपोर्टिंग तथा दूरदर्शन तथा रेडियो जैसे दृश्य-श्रव्य माध्यमों के समाचार प्रस्तुति की शैलियों में अंतर दिखाई पड़ता है लेकिन यह अंतर समाचारों की विविधता को लेकर नहीं बल्कि समाचार प्रस्तुति की तीव्रता को लेकर ही है। अगर कोई

भी रिपोर्टर अखबार के माध्यम से रिपोर्टिंग में दक्षता प्राप्त करता है तो वह किसी भी अन्य माध्यम के समक्ष चुनौती पैदा कर सकता है।

अखबारों में रिपोर्टिंग के जरिये समाचारों को बटोरा एवं फैलाया जाता है तथा भिन्न-भिन्न प्रकार के समाचारों का विस्फोटन भी किया जाता है। साथ ही साथ समाचारों एवं समाचारों की स्थितियों का विश्लेषण भी गहराई से होता है। जैसे-जैसे रेडियो और दूरदर्शन का विस्तार होता जाएगा समाचार-पत्रों को अपनी रिपोर्टिंग का रूप भी बदलना पड़ेगा क्योंकि ठोस तथ्यों की जानकारी रेडियो के श्रोताओं और दूरदर्शन के दर्शकों को अखबार छपने से पहले ही मिल जाया करती है। इस स्थिति में समाचार-पत्रों को समाचारों की अधिक पृष्ठभूमि देनी होगी, बेहतर व्याख्या करनी होगी, संभावनाओं का अधिक उल्लेख करना होगा।

पूर्वकालीन पत्रकारों की तुलना में आज के पत्रकारों के सामने काम की सुविधाएँ कुछ अधिक हैं फिर भी कार्य का दायरा अपेक्षाकृत ज़्यादा है। अधिक क्लिष्ट रचनाओं और गतिविधियों की ज़्यादा स्पष्ट और सही व्याख्या करने का दायित्व उसे निभाना होता है। अतः समाचार को दिलचस्प और मनोरंजक एवं महत्वपूर्ण ढंग से प्रस्तुत करना आधुनिक पत्रकार का मौलिक गुण हो गया है।

अखबारों का दायित्व पाठकों का मनोरंजन करना या उनकी दिलचस्पी का दोहन करके धन कमाना मात्र नहीं है। उनका कर्तव्य पाठकों को घटनाओं और सही गतिविधियों से सूचित रखना एवं शिक्षित करना भी है इसलिए देश-विदेश की गंभीर खबरें भी उन्हें देना होता है। सनसनीखेज (Sensational) खबरें सर्वाधिक रोचक होती हैं लेकिन उत्तरदायी अखबार उन्हें देना ही अपना धंधा नही बनाते।

वैसे तो अखबार का दायित्व केवल वही समाचार देना नहीं है जो औसत पाठक चाहता है, जो खबरें वह चाहता है वह तो दी ही जानी चाहिए उसे वे खबरें भी दी जानी जरूरी हैं, जो उसे मिलनी चाहिए और ऐसी खबरें सामान्यतः गंभीर खबरें होती हैं। एक और बात यहाँ ध्यातव्य है कि गंभीर खबरें देकर ही कोई अखबार लोकप्रिय नहीं बन सकता है अतः इन दोनों पक्षों का संतुलन रखना सफल पत्र के लिए जरूरी और उचित है।

समाचार-पत्र, सिर्फ राजनीति, अर्थशास्त्र समाजशास्त्र, विज्ञान आदि गंभीर विषयों में रुचि रखने वालों के लिए नहीं होते हैं और न ही उनके लिए जो मात्र इतना चाहते हैं कि आज की घटनाओं में दिलचस्प सनसनीखेज और विस्मयकारी कथा है। यहाँ एक बात विशेष उल्लेखनीय है कि समाचार किसी भी प्रकार का हो लेकिन पाठक इसके लिए अनिवार्य शर्त है।

भारतीय परिप्रेक्ष्य में समाचार-पत्रों में राजनीतिक खबरों को अन्य समाचारों के

अनुपात में अधिक स्थान और महत्व दिया जाता है फलतः पाठक को जीवन के अन्य क्षेत्रों की गतिविधियों की तुलना में मंत्रियों के भाषणों, अफसरों के वक्तव्यों, सरकारी उपलब्धियों और घोषणाओं, राजनीतिक दलों के झूठे-सच्चे आरोपों-प्रत्यारोपों तथा अन्य प्रकार के राजनीतिक समाचार अधिक पढ़ने को मज़बूर होना पड़ता है।

आवश्यकता इस बात की है कि अपने गंभीर स्वरूप को कायम रखते हुए भी जीवन के रोचक पक्षों को उचित स्थान दिया जाय। लेकिन फिलहाल खबरें बनायी जाती हैं—वैसे तो खबर एक घटना होती है और घटना स्वयं घटित होती है। रिपोर्टिंग की नूतनता के कारण समाचारों की सृष्टि एवं प्रस्तुति होती है हालांकि ऐसी प्रवृत्ति रिपोर्टिंग को सच्चाई से कोसों दूर ले जाती है।

आधुनिक समाज का पाठक तेज रफ्तार में जीने वाला व्यक्ति होने के कारण इसके पास वक्त एवं सहिष्णुता की कमी भी खूब रहती है। इसलिए जिन बातों का उल्लेख करना चाहता है, उन बातों को जल्द से जल्द एवं संक्षिप्त रूप में समझाना अधिक युक्ति संगत है। प्रायः आज आम आदमी सिर्फ शीर्ष वाक्यों को अथवा एकाध प्रकरणों को पढ़कर अपने काम में लग जाता है। ऐसे संदर्भ में प्रारंभिक पंक्तियों में अधिक आकर्षणीयता लानें से, आगे पढ़ने के लिए पाठक शायद उत्सुक हो सकता है। यह रिपोर्टिंग संबंधी बात है लेकिन संपादकीय दृष्टि से देखने पर भी रिपोर्ट की लंबाई बिलकुल कम होना ही बेहत्तर है क्योंकि तभी कई तरह के समाचारों का संकलन पत्रों में हो सकता है। रिपोर्टिंग के लिए अनिवार्य बातों को इस प्रकार समेटा जा सकता है :

1. सबसे प्रमुख तथ्यों को रिपोर्ट की प्रथम पंक्तियों में रखें।
2. विशद वर्णन आवश्यकतानुसार समेटने का प्रयास करें।
3. जिन बातों की आवश्यकता कम महसूस होती है। इसे अंतिम पंक्तियों में रखें।
4. अनावश्यक तथ्यों को अनदेखा कर दें।

इन बातों से आगे पाठकों की दिलचस्पी पर भी ध्यान देना आवश्यक है। किन्तु दिलचस्पी का कोई ठोस मापदंड नहीं है। पाठक अपनी-अपनी रुचि के अनुसार समाचार को दिलचस्प पाते हैं। जो खबर एक पाठक को खूब स्पंदनकारी लगेगी, हो सकता है कि दूसरा पाठक इसी खबर को शीर्षक पढ़कर छोड़ दें। खेल में रुचि रखनेवाले पाठक प्रथम पृष्ठ के मोटे शीर्षक देखने के बाद तुरंत खेल पृष्ठ को विस्तार से पढ़ते हैं। व्यापारी को वाणिज्य व्यापार का पृष्ठ अच्छा लगता है जबकि आम पाठक उसे शायद पलटता भी नहीं है। महिलाओं के लिए सौंदर्य प्रसाधन संबंधी खबरें विशेष रुचिकर होती हैं। भले ही अन्य पाठक उन्हें न पढ़ने लायक समझते हों।

फिर भी कुछ विशिष्ट बातें हैं जो बहुधा पाठकों को दिलचस्प लगती हैं। इनका वर्गीकरण मोटे तौर पर यों किया जा सकता है :

1. नवीनता और असामान्यता
2. अनपेक्षिततता
3. आत्मीयता और आकांक्षा
4. व्यक्तिगत प्रभाव
5. निकटता (स्थानीयता)
6. करुणा और भय (त्रासद स्थितियाँ)
7. संघर्ष
8. धन
9. मानवीय पक्ष
10. सहानुभूति

इन बातों के अंतर्गत ही सारी रिपोर्टिंग होती है। इनमें प्रत्येक की अपनी-अपनी खूबी होती है और इन भावों से होकर ही पाठकों की दिलचस्पी विकसित होती है।

नवीनता और असामान्यता : नवीनता और असामान्यता समाचार के स्पंदनकारी तत्व होते हैं। उदाहरणार्थ :

"चेन्नई की जेल में दंगा, डिप्टी जेलर और कैदियों की मृत्यु

चेन्नई–तमिलनाडु की राजधानी चेन्नई के सेंटर जेल में बुधवार को कैदियों के दंगे, आगजनी और पुलिस गोलीबारी में एक डिप्टी जेलर और 10 कैदियों की मृत्यु हो गयी और 150 अन्य घायल हो गये।

पुलिस सूत्रों ने बताया कि जेल परिसर में दंगा उस समय भड़का जब गुंडाएक्ट में बंद एक मुक्केबाज वडिवेलु की बुधवार को तड़के सरकारी अस्पताल में मौत हो गयी। अभियुक्त को कथित रूप से बीमार होने पर मंगलवार की रात वहाँ भरती कराया गया था। कैदियों ने डिप्टी जेलर जयकुमार को रिकार्ड रूम में बंद कर दिया और उसमें आग लगा दी जिससे जयकुमार की मृत्यु हो गई इस प्रकार डिप्टी जेलर को ज़िंदा जला दिया गया।"[8]

इस प्रकार की हरकत रोज़ नहीं होती हैं और लोगों की दिलचस्पी इसमें ज़्यादा रहती है।

अनपेक्षितता : किसी विमान का लापता हो जाना या कोई हंगामा किसी शहर में होना आदि ऐसी खबरें हैं जिनमें अनपेक्षित का भाव मिला हुआ है। पाठक इन खबरों को काफी समय तक याद रखता है जब तक इन घटनाओं के बारे में सारी स्थिति सामान्य नहीं हो जाती है।

आत्मीयता और आकांक्षा : पाठक ऐसे समाचारों के साथ आत्मीयता का भाव महसूस करता है जो उसे खुद प्रभावित करता है। जैसे डीजल एवं पेट्रोल के मूल्यों में वृद्धि, शेयर बाजार में शेयरो का दर गिराव आदि। इसके अलावा अन्य बातों में भी लोगों की रुचि रहती है।

उदाहरणार्थ : "मध्यम आय वर्ग का पाठक स्कूटरों और कारों की खरीद की क्षमता रखता हो या नहीं, इनके मूल्यों में उतार-चढ़ाव में दिलचस्पी लेता है क्योंकि उनके मन में यह इच्छा छिपी रहती है कि वह भी इन्हें एक न एक दिन खरीदेगा।"

व्यक्तिगत प्रभाव : जो अपने आपको किंचित मात्र भी प्रभावित या आनंदित पाता है, उसके लिए ऐसी खबरें रुचिकर होती हैं, वह इन्हें जरूर पढ़ना चाहता है।

निकटता (स्थानीयता) : अखबारों में स्थानीय समाचारों का पृष्ठ भी बड़े चाव से पढ़ा जाता है। यह इसलिए कि पाठक को उससे अपनी निकटता का बोध होता है। पाठकों को अपने नगर या अपने गाँव के निकटवर्ती इलाकों में दो गाड़ियों की टक्कर से एक व्यक्ति की मृत्यु होने की खबर कहीं दूर देश में हुई विमान दुर्घटना से कहीं अधिक महत्वपूर्ण है क्योंकि पाठक जिस समुदाय का अंग है उसकी गतिविधियों से उसका विशेष लगाव रहता है।

करुणा और भय (त्रासद स्थितियाँ) : सबेरे-सबेरे ग्रामीण इलाकों में चौराहों पर या किसी कॉफी हाउस में प्रायः किसी अपराध के संबंध में बात चल रही होगी। कारण यह नहीं है कि लोक अपराधों में आनंद लेते हैं, वे वास्तव में इनसे घृणा करते हैं। फिर भी इनके बारे में पढ़ने में रुचि लेते हैं क्योंकि उनके मन में करुणा और भय दोनों का भाव छिपा रहता है। करुणा इसलिए कि अगर इन अपराधों का शिकार स्वयं होता तो इससे होने वाले घात प्रतिघातों से वे डरने लगते हैं। और फिर भी हत्या, बलात्कार, डकैती जैसी खबरें बड़ी रुचि से पढ़ी जाती हैं। बड़े व्यक्तियों के घोटालों को भी पाठक खूब दिलचस्पी से पढ़ता है।

दूरदराज के देशों में होने वाली सैनिक क्रांति, लड़ाई, छापामारों की गतिविधियों की खबरें भी रुचिकर लगती हैं। पाठकों का इससे कोई हित-अहित जुड़ा रहने के कारण नहीं बल्कि पाठक संघर्षों से स्पंदित होने के कारण है।

संघर्ष : यह चुनावों के बारे में सही भाव है। लोग चुनाव परिणाम जानने के लिए उत्सुकता दिखाते हैं और इन खबरों को रुचि से पढ़ते हैं यह इसलिए कि इनमें संघर्ष का भाव निहित है। वरन् शहर का नागरिक गाँव-पंचायतों की खबरें रुचि से क्यों पढ़े? वे इसी भाव से दिलचस्पी लेकर इस प्रकार की खबरों को पढ़ते हैं।

धन : धन से सभी सामान्य पाठक का लगाव रहता है, अमीर-गरीब सब इससे प्रभावित होते हैं। हर्षद मेहता का 'प्रतिभूति घोटाला' में पाँच हज़ार करोड़ रुपयों की अनियमितताओं की अफवाहें छपने के दिन से लेकर अदालत द्वारा सजा सुनाये जाने तक कई महीनों तक बड़े चाव से पाठकों ने इसे पढ़ा था। यह इसलिए कि संपूर्ण राज्य की आर्थिक अनस्थिरता एवं शेयर बाज़ार की नींव को हिला देने में यह घोटाला पर्याप्त था। यही नहीं आर्थिक संकट, वेतन-आयोग की सिफारिशें, दुकानों से आवश्यक वस्तुओं का गायब हो जाना तथा कीमतों में वृद्धि, बैंक दर में घटबढ़ आदि में भी पाठकों की रुचि स्वाभाविक होती है, क्योंकि इससे उसकी जेब का संबंध जुड़ा हुआ है।

मानवीय पक्ष : दया, बर्बरता, दैन्य, अप्राकृतिक जन्म-मृत्यु आदि के समाचार भी रुचि से पढ़े जाते हैं। उदाहरण के लिए अप्राकृतिक जन्म की यह खबर किसी भी वर्ग के पाठकों के लिए दिलचस्प सिद्ध हो सकती है, क्योंकि इस प्रकार जन्मे बच्चों के प्रति सहानुभूति एवं मानवीयता का भाव उभर आना स्वाभाविक बात है।

इस प्रकार के एक समाचार का अंश यों है : "मोरोक्को में इन सयामीस जुड़वाँ बच्चों का जन्म हुआ है। इनका नाम ईसेन और हंसा रखा गया है। इनके दो शरीर हैं लेकिन एक हृदय और एक जिगर ही है।"[9] इसका चित्र नीचे प्रस्तुत है।

सहानुभूति : अधिसंख्या के लोग अपेक्षाकृत अभावों की स्थिति में जीते हैं, इसलिए हमारी सहानुभूति प्रायः मालिक की तुलना में मज़दूरों, किरायेदारों, निचले तबके के कर्मचारियों आदि के प्रति रहती है। अभियोग लगानेवाले संपन्न और शक्तिशाली व्यक्ति की तुलना में हम दबे हुए और अक्षम अभियुक्त के प्रति कोमल भाव रखते हैं। छात्र पुलिस संघर्ष में सहानुभूति प्रायः छात्रों के साथ होती है। इन सहज भावनाओं के कारण पाठक की रुचि अभागे असहायों की स्थिति के बारे में पढ़ने में होती है।

इस संदर्भ में एक उद्धरण समीचीन नज़र आता है। पाठक को पलभर में इस बात का आभास हो जाएगा कि उल्लिखित समाचार उसकी मांग के अनुसार दिलचस्प है या नहीं।

"Not that the common element is speed, it is true, of course that rapid writing, editing and reading are not the be-all and end-all of journalism. For that reason, modern newspapers are using fewer standard news stories than they were two or three decades ago."[10]

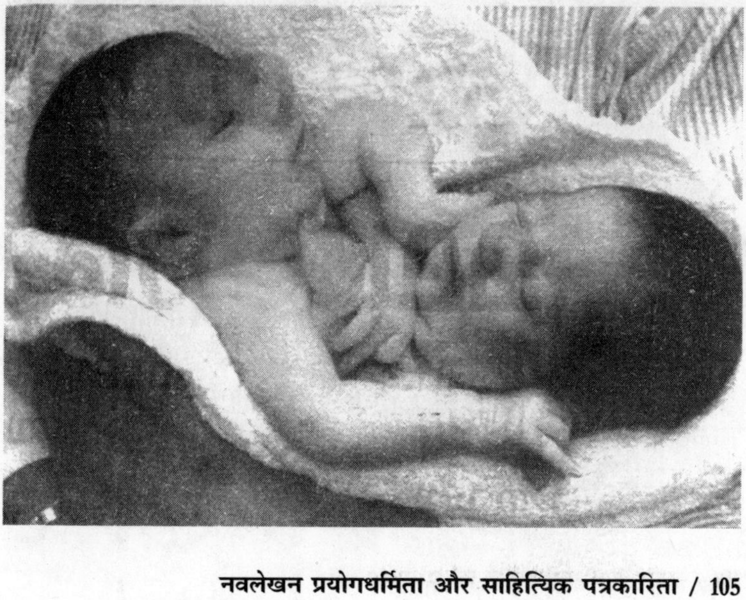

इन सारी बातों से गुज़रते हुए भी रिपोर्टिंग में कभी-कभी उतार-चढ़ाव एवं भटकाव आ जाता है। हिन्दी के दो प्रमुख समाचार-पत्रों में एक ही वृत्तांत पर दिये गये समाचार एवं तस्वीर आगे प्रस्तुत है। इस चित्र से संबंधित विश्लेषण इस प्रकार है :

चित्र एक में समाचार को ज़्यादा महत्वपूर्ण ढंग से प्रस्तुत किया गया है अर्थात चार कॉलम न्यूज़ के रूप में और मैदान में प्रसन्न मुद्रा में विन्यसित खिलाड़ी मुकाबले बल्लेबाज को आउट करने पर संतोष प्रकट कर रहे हैं। चित्र दो में ठीक वही समाचार को एक कॉलम न्यूज़ के रूप में प्रस्तुत किया है। प्रसन्न मुद्रा में विन्यसित खिलाड़ी अपने सह खिलाड़ी को मैन आफ द मैच और मैन आफ द सिरीज़ घोषित करने से संतोष प्रकट कर रहे हैं। लेकिन चित्र के भाव से यह व्यक्त है कि वे किसी खिलाड़ी के आउट होने पर प्रसन्नता दिखा रहे हैं।

इस प्रकार की असावधानियों पर भी रिपोर्टरों को ध्यान देना है, जब कि ये दोनों पत्र समाज में प्रतिष्ठित एवं अधिसंख्य पाठकों के द्वारा स्वीकृत हैं।

वस्तुत रिपोर्टिंग की शैलियों में दिनप्रतिदिन विकास होता जा रहा है। समाचार-पत्र या संपादक अपने कर्म क्षेत्र का और उसको स्वीकारे जानेवाले तंत्रों का पूर्व ज्ञान अपने रिपोर्टरों को दे देते हैं और इसके माध्यम से अपने पत्र की शैली का रूपायन करते हैं। इसलिए पत्रधर्मिता में स्वीकारे जानेवाले सिद्धांतों को बरकरार रखते हुए भी शैलीगत पृथकता को बनाए रखने में सफल निकलते हैं। दूसरे शब्दों में शैली ही प्रत्येक समाचार-पत्र की मुख मुद्रा है और वही उसकी अंतरात्मा भी है।

न्यूजीलैंड को रौंद भारत ने एकदिवसीय श्रृंखला जीती

सौरभ के शानदार प्रदर्शन से भारत जीता

समाचारों की संक्षिप्तता

अखबारों की पठनीयता कायम रखने के लिए समाचारों की संक्षिप्तता अत्यंत ज़रूरी बात है। आज के युग में प्रचार माध्यमों ने प्रस्तुतीकरण के नये-नये आयाम हमारे सामने जुड़ाए हैं। आज की पीढ़ी पाठ्य जगत से दृश्य जगत की ओर तेजी के साथ खिंची जा रही है। कई-कई चैनल के ऑडियो-वीडियो ने कई पीढ़ी के मस्तिष्क को विकृत करना प्रारंभ कर दिया है। मौलिक रचनाप्रियता के लिए नए संदर्भों की खोज और प्रस्तुतीकरण देश, काल और समाज के साथ-साथ मौलिक रचना के अस्तित्व के लिए भी अनिवार्य है। इसी से साहित्यिक पाठकीयता भी संभवित हो सकती है।

वैसे तो हिन्दी पत्रकारिता मूल्य के पतन और आत्मपहचान के संकट के एक विशेष दौर से गुज़र रही है। छपाई, रंगरूप और प्रसार में बहुत तरक्की कर लेने के बावजूद वह अपने सार और लक्ष्य के स्तर पर लगातार खोखली होती जा रही है। यह स्थिति केवल पत्रकारों के लिए ही नहीं बल्कि पूरे समाज के लिए चिंता का विषय है।

दृश्य-श्रव्य माध्यमों की होड़ इतनी लगी हुई है कि लोग इसके पीछे भागने लगते हैं। एक बात यहाँ ध्यातव्य भी है कि दूरदर्शन की तुलना में अखबारों की खबर बासी लगने लगी है। इस प्रतिस्पर्धा से अखबार की स्फूर्ति की सांस लेना है।

दूरदर्शन अपनी सीमाओं तथा दर्शक वर्ग की भोली रुचियों के कारण खबर के मामले में कुछ गिनीचुनी परिचित सीमाओं के अंदर प्रस्तुत करता है। वह सूचना के विस्तार तथा जटिलता में नहीं जाता। पाठक जब दर्शक हो जाते हैं तो वे अपनी गहराई ही नहीं खोते,

बहुत संकीर्ण और चमत्कार प्रेमी भी होने लगते हैं। पत्रों की प्रासंगिकता इसीलिए कभी समाप्त नहीं होगी कि वे सामान्यतः विस्तृत खोज परक और विश्लेषणात्मक सूचनाएँ देते हैं जो दूरदर्शन से कभी संभव नहीं है।

दर्शक जब पाठक बनता है तो वह केवल व्यापक और तथ्य प्रेमी ही नहीं बल्कि उसके अंदर एक गहराई भी पैदा होती है। वह पाठ्य सामग्री के साथ अधिक आंतरिकता और एकाग्रता से पेश आता है। यह वजह है कि दूरदर्शन के काफी प्रसार के बावजूद पत्रकारिता का युग अब समाप्त नहीं हुआ है। समाचारों की संक्षिप्तता को बरकरार रखने के लिए कुछ आवश्यक सूत्रों की ज़रूरत है। 'रुडोल्फ फ्लेश्च' नामक एक पाश्चात्य विद्वान इसपर अपना विचार प्रस्तुत किया है।

"There have been efforts to reduce simple writing to a formula; a fact that emphasizes its appeal. One of the most notable formulas was developed by Rudolf Flesch.

1. The length of the average word.
2. The length of the average sentence.
3. The percentage of words that have human interest.
4. The percentage of sentence that have human interest."[11]

इस प्रकार पठनीयता बढ़ाते हुए संक्षिप्त रूप में समाचारों को प्रस्तुत करने में समाचारों के प्रति जनता की दिलचस्पी बढ़ने लगेगी।

अनुच्छेदों को छोटा रखने से पठनीयता बढ़ती है। पाठक को छोटे-छोटे अनुच्छेदों में समाचार पढ़ना अधिक रोचक लगता है। ऐसा समाचार देखने में भी अच्छा होता है। छोटे अनुच्छेदों में अशुद्धियाँ होने पर समाचार को फिर से कंपोज़ कराना भी आसान होता है। एक ही प्रकार के शब्दों या वाक्य खंडों का बार-बार इस्तेमाल नहीं किया जाना चाहिए। इस प्रकार का संक्षिप्त एक समाचार प्रस्तुत है।

कोणार्क का सूर्यमंदिर पूरी तरह सुरक्षित है

कोणार्क (उड़ीसा), (वार्ता)–उड़ीसा में पिछले महीने आये भीषण चक्रवाती तूफान के रास्ते में जो कुछ भी आया वह ध्वस्त हो गया परंतु कोणार्क का प्रसिद्ध सूर्यमंदिर अभी भी ज्यों का त्यों है। सूर्यमंदिर के आसपास का क्षेत्र पिछले महीने की 29 तारीख को आये तूफान से हुई भीषण तबाही की कहानी कह रहा है। लगभग सात सौ वर्ष पुराना यह स्मारक समूचे पूर्वी भारत में अंतरराष्ट्रीय स्तर की एकमात्र सांस्कृतिक धरोहर है। भारतीय पुरातत्व सर्वेक्षण विभाग के भुवनेश्वर परिक्षेत्र के अधीक्षक एल.एस.राव. ने बताया की ईसा बाद सन् 1255 में गंग वंश के शासक सम्राट नरसिंहदेव द्वारा बनाया गया सूर्यमंदिर तूफान के दौरान भी खुला था और इसे कोई क्षति नहीं पहुँची है।"

समाचारों की संक्षिप्तता इस प्रकार आधुनिक दृष्टि के अनुकूल है। लंबी परिचर्चाओं के स्थान पर कम शब्दों में समाचार को प्रस्तुत करना सब लोगों के लिए दिलचस्प बात होती है लेकिन हर समाचार को इस तरह से प्रस्तुत नहीं किया जा सकता; जहाँ विस्तार की जरूरत पड़ती है वहाँ संक्षिप्तता को प्रतिष्ठित करने से तथ्यों की अनदेखी हो सकती है इस त्रुटि से समाचार-पत्रों को बचना है।

समस्याओं का सही मूल्यांकन

समाचार-पत्रों में समस्याओं का सही-सही मूल्यांकन अनपेक्षित हो गया है क्योंकि मानव जीवन में पत्रकारिता का महत्व दिन पर दिन बढ़ता जा रहा है। आज के सभ्य समाज में समाचार-पत्र एक अति आवश्यक अंग बन गया है। तानाशाही तथा लोकतंत्री दोनों ही प्रकार की शासन प्रणाली के देशों में समाचार-पत्र प्रकाशित होते हैं। अंतर सिर्फ इतना ही है कि तानाशाही व्यवस्था में केवल राज्य की ओर से अथवा सत्तारूढ़ दलों की ओर से ही समाचार-पत्र प्रकाशित होते हैं, जबकि लोकतंत्री व्यवस्था में सरकार के अलावा कोई भी व्यक्ति संगठन, संस्था आदि चाहे वह सरकार का समर्थक हो अथवा सरकार विरोधी, समाचार-पत्र निकाल सकता है।

समाचार-पत्र का कर्तव्य केवल खबरें प्रकाशित करना ही नहीं होता किंतु उनका महत्व बताना तथा जनसाधारण को शिक्षित करना भी होता है। मनुष्य में सब प्रकार की जानकारी प्राप्त करने की भूख होती है। समाचार-पत्रों के लिए यह आवश्यक है कि वे मानव जीवन के भिन्न-भिन्न पहलुओं के समाचार तथा उनपर टिप्पणियाँ लिखें। खाली खबर छाप देने से पाठकों को संतुष्टि नहीं होती। शासक वर्ग के जनहितैषी कार्यों की सराहना तथा गलत कार्यों, नीतियों आदि की आलोचना भी अखबारों का कर्तव्य है। देश-विदेश में होने वाली घटनाओं, प्रवृत्तियों, विकास कार्यों, ज्ञान-विज्ञान के क्षेत्र में होने वाली प्रगतियों, खोजों आदि की जानकारी देकर जनसाधारण को शिक्षित करना भी अखबारों का कर्तव्य माना जाता है। समाज की गतिविधियों का सही-सही मूल्यांकन असल में अग्रलेख अथवा संपादकीय पृष्ठ से ही होता है खबर छपनेवाले दैनिक साप्ताहिक आदि पत्रों में एक संपादकीय स्तंभ होता है, जिसमें एक या एक से अधिक लेख होते हैं। पहला अग्रलेख और बाकी टिप्पणियाँ होती हैं। अग्रलेखों तथा टिप्पणियों में देश-विदेश की सामाजिक घटनाओं, प्रवृत्तियों, जनजीवन से संबंध रखनेवाली महत्वपूर्ण बातों, राजनीतिक हलचलों, सरकार के कार्यों, नीतियों आदि के बारे में अखबार की नीति के अनुसार विचार प्रकट किये जाते हैं। इनमें आवश्यकता के अनुसार सराहना, आलोचना तथा सुझावों का समावेश होता है।

अग्रलेख में जिन घटनाओं के प्रति संपादकीय विचार प्रस्तुत होते हैं उसमें उनकी समस्याओं के प्रति सही रूप से प्रतिक्रिया एवं मूल्यांकन प्रस्तुत करना है और अग्रलेख

का पृष्ठ इस प्रकार पूरे समाचार-पत्र की गंभीर सामग्री का पृष्ठ समझा जाता है। अग्रलेख लिखनेवाले को भाषा पर ऐसा अधिकार होना चाहिए कि वह सरल और संक्षिप्त भाषा शैली में महत्वपूर्ण और आवश्यक सारे बिन्दुओं को शामिल कर सके। पहले अग्रलेख लिखने का अधिकार सिर्फ संपादक ही को था लेकिन अब स्थिति कुछ बदल गई है। संपादक की खासतौर से निगरानी के साथ सहायक संपादकों के साथ समाचार का परामर्श तथा उनकी समीक्षा करके यह निर्णय ले कि अग्रलेख का विषय क्या है और कौन उसे लिखेगा? लिखते समय यह भी ध्यान में रखना है कि घटना या विषय की स्थानीय, अंतरराष्ट्रीय, राष्ट्रीय महत्ता कितनी है और संभावित परिणाम क्या हो सकता है।

यदि संपादक कोई राजनीतिक दल और सांप्रदायिक संस्था का सदस्य नहीं है तो वह इस भूमिका को अधिक सत्यता और जिम्मेदारी से निभा सकता है। इसमें उसे विशेष हित को साधने की विवशता नहीं होती। वह अपने जनसाधारण के प्रति उत्तरदायित्व को निर्भीकता से पूरा कर सकता है। उदाहरणार्थ—हिन्दी से दो प्रमुख दैनिकी—हिन्दुस्तान और नवभारत टाइम्स के अग्रलेखों के साथ ही साथ अंग्रेज़ी के दो प्रमुख दैनिकी—दि हिन्दू और दि न्यू इंडियन एक्सप्रेस के अग्रलेखों को भी प्रस्तुत किया जा रहा है। इस के संपादकीय पृष्ठ का कुछ अंश ही प्रस्तुत करने का प्रयास किया गया है।

ये अग्रलेख एक ही दिनांक में प्रकाशित हैं। दोनों हिन्दी अखबारों में एक ही मुद्दे पर जोर देकर अग्रलेख प्रस्तुत किया है। बिहार राज्य सरकार के बागवानी मंत्री राकेश कुमार उर्फ सम्राट चौधरी को अवयस्क होने और संविधान के साथ धोखाधड़ी करार देते हुए उन्हें बर्खास्त कराने का कार्य राज्यपाल श्री सूरजभान ने किया।

दोनों पत्रों के अनुसार राज्यपाल के लिए यह अनिवार्य स्थिति थी लेकिन हिन्दुस्तान के मुताबिक यह बात स्पष्ट झलकती है कि सूरजभान जो कि एक ही काल में बिहार और उत्तर प्रदेश के राज्यपाल रहे हैं बिहार में अपनी नैतिकता को ऊँचा दिखाते हुए राबड़ी सरकार को यह चेतावनी दे रहे हैं कि राबड़ी सरकार अपनी विदाई के लिए मानसिक रूप से तैयार हो जाय। जब कि उत्तर प्रदेश में दर्जनों आपराधिक रिकार्डवाले मंत्री संविधान और लोकतंत्र की मर्यादाओं केलिए कोई चुनौती नहीं बन पाते। यह अलग-अलग नैतिक कसौटी के पीछे राजनीतिक पक्षधरता का आरोप लगाते हैं तो उधर नवभारत टाइम्स—मंत्री बनाने में गलती की है या मंत्रिपद से बर्खास्त करने में गलती की है इस मुद्दे पर लिखा है।

हिन्दुस्तान

नयी दिल्ली, गुरुवार 18 नवंबर 1999

अवयस्क मंत्री की बर्खास्तगी

"बिहार के राज्यपाल महामहिम ने राज्य सरकार के बागवानी मंत्री राकेश कुमार उर्फ सम्राट चौधरी को अवयस्क होने के बावजूद फर्जी आयु प्रमाण-पत्र के आधार पर मंत्री बन जाने

को संविधान के साथ धोखाधड़ी करार देते हुए उन्हें बर्खास्त करने का अप्रत्याशित साहस दिखाया है। ऐसा देश में पहली बार हुआ है जब किसी राज्य के राज्यपाल ने मुख्यमंत्री और मंत्रिपरिषद की सलाह के बिना ही उसके किसी मुख्यमंत्री ने अपने मंत्रिमंडल में किसी ऐसे व्यक्ति को मंत्री बना कर शामिल किया हो, जो विधानमंडल का सदस्य बनने (जिसके बिना छह माह से अधिक मंत्री बने रहना असंभव है) के लिए जरूरी न्यूनतम आयु-सीमा भी पूरी कर पाने में असमर्थ हो सकता है कानूनी विशेषज्ञ चुने हुए मुख्यमंत्री के अधिकार क्षेत्र और शक्तियों के सम्मान को ज़्यादा महत्वपूर्ण साबित कर दें।

महामहिम सूरजभान को बिहार के किसी मंत्री की अयोग्यता खलने लगती है और संवैधानिक और लोकतांत्रिक मर्यादाओं के लिए वे उसे बर्खास्त भी कर देते हैं लेकिन उत्तर प्रदेश सरकार के दर्जनों आपराधिक रिकार्डवाले मंत्री संविधान और लोकतंत्र की मर्यादाओं के लिए कोई चुनौती नहीं बन पाते इसलिए एक ही राज्यपाल द्वारा एक समय दो प्रदेशों के लिए अलग-अलग नैतिक कसौटियाँ अपनाने का राजनीतिक अर्थ भी इतना अस्पष्ट नहीं है फिर भी बिहार के राबड़ी मंत्रिमंडल के मंत्री को राज्यपाल द्वारा बर्खास्त करने का इतना अर्थ तो स्पष्ट है ही कि अब उस सरकार को अपनी विदाई के लिए मानसिक रूप से तैयार हो जाना चाहिए।

राज्यपाल की जानकारी में यदि कोई गलत बात आती है तो उसकी जानकारी वह राज्य और केंद्र सरकार को देश या वह स्वयं कार्रवाई करने को स्वतंत्र है। बिहार के मंत्री की बर्खास्तगी के बाद हमें इन सवालों के जवाब भी अपने संविधान में ढूँढ़ने होंगे।"[12]

हिन्दी के प्रस्तुत दैनिकी अपेक्षाकृत राष्ट्रीय तौर पर कम महत्वपूर्ण समाचार पर अग्रलेख प्रस्तुत किया है तो अंग्रेज़ी के समाचार-पत्र The New Indian Express ने राष्ट्रीय महत्ता की बात पर अपना अग्रलेख प्रस्तुत किया है। इस पर हिन्दुस्तान में बिक्री कर में समानता शीर्षक देकर संपादकीय टिप्पणी भी प्रस्तुत की है।

The New Indian Express
Thursday, November 18, 1999

ONE MARKET, ONE TAX

The proof of the tax reform is in the implementation

"State governments are beginning to realise that a rational tax environment is good for their own exchequers and is as essential for business and industry as plentiful supplies of power and water or good roads. Hence the tax reform agreements at a meeting of chief ministers and the Union Finance Minister in the capital this week. A key decision was to switch to a uniform value added tax (VAT) all over the country by April 2001. Progress has been painfully slow. It is not as if the importance of VAT has only now dawned on the states; it was acknowledged several years ago as the best option."[13]

हिन्दी के नवभारत टाइम्स अखबार ने भी बिहार में बरखास्तगी शीर्षक से इसी दिन संपादकीय टिप्पणी प्रस्तुत की है।

नवभारत टाइम्स

मुम्बई 18 नवंबर, 1999

बिहार में बरखास्तगी

"बिहार में असंवैधानिक कार्यों की जो परंपरा विकसित हो रही है, राज्य सरकार के माप-तौल मंत्री की बर्खास्तगी उसी की एक खतरनाक कड़ी है। अब मुद्दा सिर्फ यह नहीं रहा कि क्या उन्हें गलत तरीके से मंत्री बनाया था बल्कि एक गंभीर संवैधानिक सवाल यह भी जुड़ गया है कि क्या उन्हें उससे भी ज़्यादा गलत तरीके से हटाया गया है। यह रूप एक त्रासदी है कि असंवैधानिक आचरण और कृत्य की इस परंपरा के पुष्ट करने में अब सबसे आगे वे लोग दिखते हैं जो बिहार के जंगल राज के बारे में सबसे ज़्यादा प्रलाप कर रहे थे। राकेश कुमार उर्फ सम्राट चौधरी इस साल 12 मई को बिहार सरकार में बागवानी व माप-तौल विभाग के मंत्री बनाये गये थे। उनका कोई राजनीतिक कैरियर नहीं था। वे किसी सदन के प्रतिनिधि नहीं थे, न ही वे किसी खास क्षेत्र में विशेषज्ञता रखते थे। उन्हें मंत्री बनाने के पीछे सिर्फ राजनीतिक रिश्वतखोरी थी।

राज्यपाल की जानकारी में यदि कोई गलत बात आती है तो उसकी जानकारी वह राज्य और केंद्र सरकार को देश या वह स्वयं कार्रवाई करने को स्वतंत्र है बिहार के मंत्री की बर्खास्तगी के बाद हमें इन सवालों के जवाब भी अपने संविधान में ढूँढ़ने होंगे।"[14]

The Hindu

Thursday, November 18, 1999

SALES TAX REFORM

"THE CONFERENCE OF Chief Ministers and State Finance Ministries has decided to us her in a sales tax regime that promise to be free from distortion, multipliticy and inefficiency. The easy part is to decide what the sales tax regime in the State should be. However, the difficult job will be the implementation. Somewhat similar decisions have been taken in the part both by individual State Governments and collectively, but the implementation has perennially floundered in the face of opposition and inadequate preparation. The challenge will be to see that the reform this time will be successful."[15]

इसी प्रकार अंग्रेज़ी दैनिकों में भी एक ही मुद्दे को लेकर अग्रलेख है बिक्री कर को ही इस मुद्दे का मूल विषय बनाया गया है। इसके अंतर्गत बिक्री कर विभिन्न राज्यों में विभिन्न प्रकार से निश्चित किया गया है इसका एकीकरण ही अग्रलेख का विषय है। 'हिन्दुस्तान' में भी इस मामले को अपने अग्रलेख में टिप्पणी के अंतर्गत रखा है।

अंग्रेज़ी और हिन्दी समाचार-पत्रों में आने वाले उपर्युक्त अग्रलेख समाचार-पत्रों की दृष्टि को उन्मीलित करते हैं। हिन्दी क्षेत्र की घटना के प्रति अधिक दिलचस्पी लेकर दोनों हिन्दी समाचार-पत्रों ने बिहार की स्थिति पर अग्रलेख लिखा है जबकि यह राष्ट्रीय महत्व का विषय नहीं रहा। परंतु अंग्रेज़ी समाचार-पत्रों ने कर की समस्या को उठाकर राष्ट्रीय अग्रलेख लिखा है इससे यह स्पष्ट होता है कि सभी समाचार-पत्रों के अग्रलेख एक जैसे नहीं होते और उनमें क्षेत्रीयता और राजनीति का ही हस्ताक्षर होता है।

प्रतिबद्धता के नये पड़ाव

प्रतिबद्धता वैचारिक दृढ़ता की मांग है। लेखकीय प्रतिबद्धता के कई उद्घोषकों ने मात्र अपनी संकीर्ण वृत्तियों की तुष्टि के लिए प्रतिबद्धता के स्वरूप को इतने संकीर्ण दायरे में पेश किया कि ढुलमुलिया साहित्यकार या तो खुद उन्हीं संकीर्ण वृत्तियों के शिकार होकर अपनी सृजनात्मक शक्ति गँवा बैठे या प्रतिबद्धता जैसी वैचारिक दृढ़ता की माँग को ही हीन समझकर शोषक वर्ग के सेवक बनकर रह गए। इसी वजह से लेखकीय प्रतिबद्धता का प्रश्न वर्षों से अंतहीन बहस के रूप में जीवंत प्रश्न के तौर पर जरूर स्थायी है किन्तु अब भी अतिवादी दृष्टिकोणों का लाभ उठाकर प्रगतिकामियों की प्रतिबद्धता के वास्तविक रूप को धूमिल बनाए रखने की कोशिश में अपना अस्तित्व रखती है। इसीलिए प्रतिबद्धता के उस सही व्यापक स्वरूप को अच्छी तरह समझ लेने की आवश्यकता है जिसका अस्तित्व साहित्य सृजन की व्यापकता में ही है।

परिवर्तन शाही शक्ति से प्रतिबद्धता किसी संकीर्ण वृत्ति या जीवन के मात्र किसी अंश विशेष से ही संबंध रखने की माँग नहीं हुआ करती। यह प्रतिबद्धता जीवनानुभवों तथा ज्ञानानुभवों के आधार पर उस विज्ञान सम्मत, दर्शन-विशेष, जीवन-दृष्टि, एवं विचार पद्धति को अपने अंदर में आभ्यंतरित कर लेने की वह प्रक्रिया है जिस पर निर्मित मनुष्य की विश्व दृष्टि कर्म क्षेत्र तथा चिंतन क्षेत्र दोनों में ही उसकी क्रियाशीलता को निरंतर अनुशासित करती रहे। प्रतिबद्धता के लिए अंतर्द्वन्द्वों के बीच पनप रहे परिवर्तन के वास्तविक स्वरूप एवं तत्वों की सही पहचान हासिल करने की शक्ति अनिवार्य है।

समाचार-पत्रों में पत्रकार अपने लेखन के माध्यम से पाठकों को शोषण की साजिशों से सजग करना चाहता है तो उसे विशिष्ट विचारों के साथ प्रतिबद्ध होना ही चाहिए। यहाँ एक स्थिति यह पैदा हो सकती है कि जहाँ प्रतिबद्धता की प्रेरणा सत्तामूलक हो जाती है वहाँ पत्रकार की अभिव्यक्ति स्वतंत्रता खतरे में पड़ जाती है। प्रतिबद्धता का सत्ता संपन्न हो जाना और अभिव्यक्ति की स्वतंत्रता में समन्वय असंभव है; इसलिए सत्ता संपन्न प्रतिबद्धता से मुक्ति जरूरी है, लेकिन साथ-साथ स्वतंत्र अभिव्यक्ति के लिए भी विशेष प्रकार की प्रतिबद्धता आवश्यक है जहाँ, लेखक अन्याय और शोषण के विरोध में अपनी लेखनी को चालित करता है।

समाचार-पत्रों की प्रतिबद्धता एक ऐसा विवादास्पद विषय है जिस पर कोई खास निर्णय नहीं लिया जा सकता। भारतीय समाचार-पत्रों की कुल मिलाकर यह दशा रही है कि अपनी-अपनी सीमाबद्धता के अंदर ही वे अपनी प्रतिबद्धता को आयामित करते हैं। राजनीति, धर्म, जातीयता, मुनाफाखोरी, सांप्रदायिकता आदि कुछ ऐसे तथ्य हैं जो स्वतंत्र लेखन और स्वतंत्र प्रतिबद्धता को खतरे में डालते हैं। इस देश के समाचार-पत्रों में अधिकांश उपर्युक्त किसी न किसी तथ्य के समर्थन के लिए प्रतिबद्ध होते गये हैं। इस कारण स्वतंत्र प्रतिबद्धता की, पत्रकारिता की, स्थितियाँ बहुत ही नकारात्मक होती जा रही हैं। देश भर में सांप्रदायिकता को फैलाने में ही सांप्रदायिक संस्थाओं के समाचार-पत्र और प्रकाशक प्रतिबद्ध रहे हैं। इन पर सरकार का कोई नियंत्रण नहीं है और इस कारण धर्मनिरपेक्षता को काफी हानि पहुँच गई है।

इसी तरह राजनीति के चश्मे से घटनाओं को देखने वाले समाचार-पत्र स्वतंत्र प्रतिबद्धता को निभाने में असमर्थ है। प्रत्येक घटना के पीछे अपने दल की राजनीति को प्रतिष्ठित करना या विरोधी दलों के कारनामों की आलोचना करना इनका लक्ष्य रहा है क्योंकि भारत के संविधान में विचारों की स्वतंत्रता को पूरा प्रश्रय दिया है; वस्तुतः भारतीय समाचार-पत्रों पर कोई भी सेन्सरशिप लागू नहीं होता। स्थिति एक ओर लाभदायक है तो दूसरी ओर अवफाहों को फैलाकर समाज में दंगों की, अशांति की स्थिति फैला सकती है।

मास मीडिया के विकसित साधन टी.वी. के युग में शासन ने प्रचलित आस्था और व्यवस्था के प्रचार का बेहतर माध्यम खोज लिया है। पत्रकारिता के सामने साधारणतः दो ही विकल्प हैं—उच्चप्रचलित आस्था और व्यवस्था के प्रचार का दूसरे दरजे का माध्यम बन कर धीरे-धीरे अपनी गरिमा खो दें या प्रगतिशील जनवादी आंदोलनों के सार तथा लक्ष्य से जुड़कर अपना सिर ऊँचा करें।

प्रतिबद्ध पत्रकार और पत्र जन आंदोलनों का हथियार होना अपना गौरव समझते हैं। वे जनता के संघर्षों और आंदोलनों को अपने-अपने पत्रों पर अधिक जगह देते हैं। उनकी आवाज़ मुखरित करने के लिए उनके अधिक से अधिक पत्र छापते हैं और उनके सामूहिक अनुभव से अपनी पत्रकारिता को सचेत बनाते हैं।

वार्ता तभी प्रतिबद्ध हो सकती है जब कोई भी समाचार-पत्र समाज में प्रचलित कुप्रथाओं के खिलाफ समाचार प्रस्तुत करते हुए एक सशक्त जन-आंदोलन की मूल प्रेरणा के रूप में उभरे और समाज में स्वच्छता एवं नैतिकता को प्रोत्साहन दे। वैसे तो समाचार-पत्र संपूर्ण राष्ट्र का प्रहरी होता है इसलिए लोकतांत्रिक जीवन मूल्यों की प्रतिष्ठा इसमें होनी चाहिए।

प्रकाशित समाचारों की प्रासंगिकता, प्रामाणिकता एवं तथ्यात्मकता की ओर भी विशेष ध्यान देना पत्रकार के लिए अपेक्षित बात है। प्रतिबद्धता से 'सर्वजन हिताय एवं सर्वजन सुखाय' वाली बात को जोड़ सकते हैं। इसके अनुसार पत्र-पत्रिकाओं को सिर्फ राजनीतिक मुद्दों पर ही जोर न देकर सामाजिक प्रगति, देश के विकास एवं निर्माण कार्यों तथा सांस्कृतिक गतिविधियों को भी पर्याप्त महत्ता देनी है। इनके माध्यम से जीवन मूल्यों के प्रति प्रेरणा भी जगानी है। अपने माध्यमों में जीवन को कर्मशील तथा समाज को स्वस्थ रखनेवाली घटनाओं एवं क्रियाकलापों को प्राथमिकता देना है।

उदाहरणार्थ–

ईएसआई अस्पतालों की दुर्दशा के विरोध में मोर्चा

"मुम्बई, (न.प्र.)। कामगार राजबीमा योजना के अस्पतालों में पर्याप्त सुविधाएँ कराने की माँग को लेकर गुरुवार को राष्ट्रीय मिल मज़दूर संघ ने परेल स्थित महात्मा गाँधी अस्पताल में चल रही निर्देशक मंडल की बैठक के समक्ष विशाल प्रदर्शन किया। इससे परेल पश्चिम में यातायात करीब एक घंटे तक अवरुद्ध हो गया।

पुलिस और प्रदर्शनकारियों के बीच प्रतिनिधि मंडल को महानिदेशक से मिलने भेजने की सहमति के बाद स्थिति शांत हो गई। जुलूस का नेतृत्व संघ के अध्यक्ष विधायक सचिन अहिर ने किया। प्रदर्शनकारियों का कहना था कि केन्द्र सरकार से योजना को निधि अब 60 लाख से बढ़ाकर 90 लाख रु. किये जाने के बावजूद ईएसआई अस्पतालों में कामगारों को उचित चिकित्सा सेवाएँ उपलब्ध नहीं होतीं।

सरकार ने योजना से लाभ पाने वाले कामगारों की वेतन सीमा अब 6500 रु. बढ़ा दी है। इससे योजना का लाभ पाने वाले मज़दूरों की संख्या में वृद्धि हुई है। योजना के तेरह अस्पताल हैं और उसे 15 लाख कामगारों व उनके परिवारों को चिकित्सा सुविधाएँ देनी चाहिए। इस तरह करीब 60 लाख व्यक्तियों को चिकित्सा सुविधाएँ देने की आवश्यकता है। लेकिन अस्पतालों में मिलनेवाली सुविधाएँ नगण्य हैं।

कामगारों का कहना था कि अस्पतालों में करीब 50 बिस्तर खाली पड़े रहते हैं। डॉक्टरों व चिकित्सा सुविधाओं के अभाव के कारण ऐसा किया जाता है। ऐसी स्थिति में कभी-कभी अन्य अस्पतालों में भेजा जाता है लेकिन वहाँ कामगारों को पहले पैसा देना पड़ता है।

इसका बिल भी साल-साल भर लटका रहता है और कामगार परेशानी में पड़ जाता

है। इस स्थिति में सुधार होना चाहिए। प्रदर्शनकारियों ने माँग की कि जलने पर चिकित्सा, कैंसर व हृदय रोग चिकित्सा के लिए विशेष वार्ड बनाए जाने चाहिए। योजना का लाभ उठाने वाले कामगारों की संख्या चूँकि बढ़ गयी है, अतः पैनल डॉक्टरों की संख्या भी बढ़ाई जानी चाहिए।"[16]

उपयोगितावादी सभ्यता के इस काल में लोग सिर्फ गुद्गुदी करने वाले खबर व लेख पढ़ने के लिए उत्सुक हैं। इसलिए पत्र-पत्रिकाओं को भी अधिक व्यावसायिक होना पड़ता है। इस दृष्टि से देखें तो प्रतिबद्धता पर चाबुक पड़ी हुई प्रतीत होती है।

निष्कर्ष

संक्षेप में समाचार-पत्रों के लिए प्रतिबद्धता एक ऐसा तथ्य है जो आग पर चलने के समान है। इसके लिए आंतरिक शक्ति ही नहीं बाह्य शक्ति की भी ज़रूरत पड़ती है। आंतरिक शक्ति निष्ठा की होती है तो बाह्य शक्ति धन जुटाने की होती है। समाचार-पत्रों का अस्तित्व निष्ठा और प्रतिबद्धता पर मात्र केंद्रित न होकर उसकी व्यावसायिकता से भी जुड़ा हुआ होता है। इन विकल्पों से होकर आगे की यात्रा को तय करना संपादक, संचालक और लेखक तीनों के लिए चुनौती का कार्य है। इस परीक्षा में जीत कैसे हासिल होगी यह समय ही दिखा सकता है।

संदर्भ

1. अब कहानी अंक, पृ. 23
2. आपका बंटी, मन्नू भण्डारी, पृ. 126
3. सरिता, नवंबर 1999, पृ. 163
4. समीक्षा, अप्रैल-जून 1998, पृ. 38
5. आजकल, मार्च 1998, पृ. 12
6. साक्षात्कार, अगस्त 1999, पृ. 14
7. नवभारत टाइम्स दैनिकी
8. नवभारत टाइम्स दैनिकी
9. मलयालम दैनिकी मलयालम मनोरमा से उद्धृत
10. The Mass media, Harper and Row, p. 156
11. नवभारत टाइम्स दैनिकी, 18 नवंबर
12. हिन्दुस्तान दैनिकी का संपादकीय लेख, 18 नवंबर, 1999
13. The New Indian Express Daily, 18 November, 1999
14. नवभारत टाइम्स दैनिकी, संपादकीय, पृ. 18
15. The Hindu Daily, Editorial, 18 November, 1999
16. नवभारत टाइम्स दैनिकी

उपसंहार

प्रत्येक काल के साहित्यिक प्रयोगों को रूपायित करने में साहित्यिक पत्रिकाओं की महत्वपूर्ण भूमिका रही है। साहित्यिक पत्रिकाओं के माध्यम से समाज एवं जन मानस का संस्पर्श उभरने लगता है क्योंकि पत्रिकाएँ हमेशा लोकहित का साधन रही हैं। जनचेतना एवं जनरुचि के अनुसार तथा संपादन की परिवर्तित दिशा के अनुसार पत्रिकाएँ हमेशा करवटें बदलती रही हैं।

रूढ़ियों में जकड़े भारतीय समाज को नये सिरे से मोड़ने, उनमें नया आलोक भरने और देशवासियों में साम्राज्यवाद विरोधी भावना जगाने में साहित्यिक पत्रकारिता की अहम भूमिका रही है। आज समाज के सामने अनेकानेक चुनौतियाँ उठ खड़ी हुई हैं और इनको लेकर पत्रकारिता भी दो खेमों में बंट गई हैं—व्यावसायिक और साहित्यिक। साहित्यिक पत्रकारिता अपने लक्ष्य की ओर बढ़ती हुई कहीं-कहीं व्यावसायिक पत्रकारिता के अंशों को भी अपने अंदर समेट लेती है। जिसका प्रभाव समाचार-पत्रों पर भी पड़ा है और समाचार-पत्रों के संपादन एवं विषय प्रस्तुति में आजकल काफ़ी अंतर दिखाई देने लगा है। एक ओर समाचार-पत्र किसी-न-किसी लक्ष्य की ओर प्रतिबद्ध होते हैं तो दूसरी ओर व्यावसायिक परंपरा के अनुसार मुनाफ़ाखोरी को सामने रखकर चलते हैं। मशीनीकरण के इस युग में समाचार-पत्र की छपाई और रूप सज्जा इतनी आकर्षक बनती जा रही है कि समाचारों की अपेक्षा आवरण भी अधिक आकर्षक लगता है। इलेक्ट्रॉनिक मीडिया से होड़ लगाने की भावना के कारण समाचार-पत्रों में नये स्तंभ और नए धारावाहिक, कार्टून, सीरियल आदि का चयन किया जा रहा है। व्यावसायिक समाचार-पत्रों की संपादन शैली भी बहुत ही संक्षिप्त और साफ-सुथरी हो गई है। स्वातंत्र्योत्तरकाल की पत्रधर्मिता भी सच्चाई की अपेक्षा सुविधाजनक प्रस्तुति की ओर उत्सुक होती है।

उधर साहित्यिक पत्रकारिता साहित्य और कला के माध्यम से देश के बिगड़ते आर्थिक समीकरणों, अपसंस्कृत के प्रसार और अवमूल्यन की जाँच पड़ताल कर रही है। पत्रिकाएँ इसके जरिये जनमानस के सामने सच्चाई के स्वरूप को प्रस्तुत करने की कोशिश में लगी रहती हैं। फिलहाल साहित्यिक पत्रकारिता की प्रवृत्तियाँ समय सापेक्ष होकर बदलती

रही हैं। इसी कारण नयी साहित्यिक प्रवृत्तियों को रूपायित करने की क्षमता साहित्यिक पत्रकारिता में आ जाती है। सामान्य जीवन की द्वन्द्वात्मक स्थितियाँ, जीवन के साधन जुटाने का संघर्ष, मानसिक तनावों के घात, प्रतिघात, परिवारों के विघटन, व्यक्ति का अकेलापन, ह्रास युक्त जीवन की दिशाहीनता ऐसे कुछ मुद्दे हैं जिनको साहित्य में काफी महत्व प्राप्त हुए हैं और इन सब स्थितियों का वर्णन कहानियों के माध्यम से, कविता के माध्यम से और धारावाहिकों के माध्यम से साहित्यिक पत्रिकाओं ने प्रस्तुत किया है।

वस्तुतः यह कहना पड़ेगा कि यदि नयी प्रवृत्तियों को उजागर करने वाली साहित्यिक पत्रिकाएँ प्रकाशित नहीं हुई होतीं तो हिन्दी के लिए नयी प्रवृत्तियों से युक्त साहित्यिक रचना असंभव ही होती।

साहित्यिक पत्रकारिता की परंपरा द्विवेदी काल से लेकर आज तक जारी है। भाषा-शैली और कथ्यात्मकता को समयानुकूल बनाने में साहित्यिक पत्रकारिता ने महत्वपूर्ण योगदान दिया है। स्वातंत्र्योत्तर काल के परिवर्तनों ने यद्यपि साहित्यिक पत्रकारिता पर प्रहार किया है फिर भी उसने इन वारों को सहते हुए अपनी यात्रा को आगे बढ़ाया है। वैचारिक नवीनता, प्रयोगधर्मिता, शैलीगत नूतनता आदि को स्वातंत्र्योत्तर साहित्यिक पत्रकारिता ने बड़ी सीमा तक बढ़ावा दिया है। आजकल यद्यपि इलेक्ट्रॉनिक मीडिया का वार सहना पड़ रहा है फिर भी मीडिया के रास्ते से अलग अपना रास्ता तय करने में ये सफल ही रही है क्योंकि दृश्य नश्वर होता है और अक्षर अनश्वर होते हैं।

संदर्भ-ग्रंथ सूची

1. अंतराष्ट्रीय महिला दशक और हिन्दी पत्रकारिता - मीराकांत, क्लासिकल पब्लिशिंग कंपनी, नयी दिल्ली, 1994

2. आधुनिक पत्रकारिता - डॉ. अर्जुन तिवारी, विश्वविद्यालय प्रकाशन, वाराणसी, 1991, 1994

3. आधुनिक समाचार-पत्र प्रबंधन - अनिल किशोर पुरोहित, कॉमनवेल्थ पब्लिशर्स, नयी दिल्ली, 1999

4. जनसंचार : विविध आयाम - वृजमोहन गुप्त, राधाकृष्ण प्रकाशन, नयी दिल्ली, 1992

5. जनसंचार और हिन्दी पत्रकारिता - डॉ. अर्जुन तिवारी, जयभारती प्रकाशन, इलाहाबाद, 1994

6. जनसंपर्क प्रचार एवं विज्ञापन - डॉ. विजय कुलश्रेष्ठ, राजस्थान प्रकाशन, जयपुर, 1988

7. दृश्य-श्रव्य संप्रेषण और पत्रकारिता - डॉ. जेम्स एस मूर्ति, भारतीय ज्ञानपीठ प्रकाशन, नयी दिल्ली, 1990

8. पत्रकारिता का इतिहास एवं जनसंचार माध्यम - डॉ. संजीव भानावत
विश्वविद्यालय प्रकाशन,
जयपुर, 1995-96

9. पत्रकारिता का इतिहास और प्रश्न - कृष्ण बिहारी मिश्र
वाणी प्राकशन,
नयी दिल्ली, 1993

10. पत्रकारिता के परिप्रेक्ष्य - जगदीश प्रसाद चतुर्वेदी
साहित्य संगम प्रकाशन,
इलाहाबाद, 1987

11. पत्रकारिता के परिप्रेक्ष्य - राजकिशोर
साहित्य सहकार (प्रकाशक)
दिल्ली, 1993

12. पत्र-पत्रकार और पत्रकारिता - राजेन्द्र शंकर भट्ट
प्रकाशन विभाग,
सूचना प्रसारण, 1990

13. पत्रकारिता : संकट और संत्रास - हेरंब मिश्र
अनादि प्रकाशन,
इलाहाबाद, 1973

14. पत्र-पत्रकार और सरकार - काशीनाथ गोबिंद जोगेलकर
विश्वविद्यालय प्रकाशन,
वाराणसी, 1991

15. पत्रकारिता : एक परिचय - मधु धवन
बोध प्रकाशन,
मद्रास, 1993

16. भारतीय प्रसारण : विविध आयाम - डॉ. मधुकर गंगाधर
प्रवीण प्रकाशक,
नयी दिल्ली, 1988

17. भारत में हिन्दी पत्रकारिता - सं. डॉ. रमेश जैन
बोहरा प्रकाशन,
जयपुर, 1989

18. व्यावसायिक पत्रकारिता - डॉ. रमेश जैन, बोहरा प्रकाशन, जयपुर, 1992

19. समाचार एवं प्रारूप लेखन - डॉ. राम प्रकाश, दिनेश कुमार गुप्त, राधाकृष्ण प्रकाशन, नयी दिल्ली, 1993

20. समाचार माध्यम : संगठन एवं प्रबंध - संजीव भानावत, यूनिवर्सिटी पब्लिकेशन, प्रथम संस्करण, जयपुर

21. समाचार लेखन के सिद्धांत और तकनीक - संजीव भानावत, यूनिवर्सिटी पब्लिकेशन, प्रथम संस्करण, जयपुर

22. समाचार संपादन - प्रेमनाथ चतुर्वेदी, उपहार प्रकाशन, दिल्ली, 1991

23. संवाददाता और समाचार लेखन - डॉ. यासीन दलाल, डॉ. रमेश कुमार जैन, राजस्थान प्रकाशन, जयपुर, 1986

24. संवाद और संवाददाता - राजेन्द्र, हरियाणा साहित्य अकादमी, चंडीगढ़, 1975

25. संचार क्रांति और हिन्दी पत्रकारिता - डॉ. अशोक कुमार शर्मा, विश्वविद्यालय प्रकाशन, वाराणसी, 1997

26. हिन्दी पत्रकारिता : जातीय चेतना और खड़ीबोली साहित्य की निर्माण भूमि - डॉ. कृष्ण बिहारी मिश्र, भारतीय ज्ञानपीठ, 1968

27. हिन्दी पत्रकारिता : प्रेमचंद और हंस - डॉ. रत्नाकर पांडेय
प्रवीण प्रकाशन,
नयी दिल्ली, 1988

28. हिन्दी पत्रकारिता के नये प्रतिमान - बच्चन सिंह
विश्वविद्यालय प्रकाशन,
वाराणसी, 1989

29. हिन्दी पत्रकारिता और भावात्मक एकता - डॉ. अर्जुन तिवारी
नमन प्रकाशन,
दिल्ली, 1999

30. हिन्दी पत्रकारिता और राष्ट्रीय आंदोलन - डॉ. राजीव दुबे
सत्येन्द्र प्रकाशन,
इलाहाबाद, 1988

31. हिन्दी पत्रकारिता के बढ़ते चरण - ठाकुर दत्त शर्मा आलोक
सन्मार्ग प्रकाशन,
दिल्ली, 1997

32. हिन्दी पत्रकारिता : विविध आयाम-1 -
हिन्दी पत्रकारिता : विविध आयाम-2 - डॉ. वेदप्रताप वैदिक
हिन्दी बुक सेंटर,
नयी दिल्ली, 1992

33. हिन्दी पत्रकारिता : विकास और विविध आयाम - डॉ. सुशीला जोशी
राजस्थान हिन्दी साहित्य अकादमी

34. हिन्दी साहित्य का इतिहास - डॉ. नगेन्द्र
नेशनल पब्लिशिंग हाउस,
नयी दिल्ली

35. हिन्दी साहित्य का आलोचनात्मक इतिहास - डॉ. राजकुमार शर्मा
बेनी माधव प्रकाशन,
इलाहाबाद

36. हिन्दी साहित्य का दूसरा इतिहास - बच्चन सिंह
राधाकृष्ण प्रकाशन,
नयी दिल्ली

37. हिन्दी साहित्य का बृहद् इतिहास - नागरी प्रचारिणी सभा

38. हिन्दी भाषा : स्वरूप और विकास - डॉ. कैलाश चन्द्र भाटिया

39. हिन्दी कहानी के सौ वर्ष - वेदप्रकाश अमिताभ

40. हिन्दी कहानी : प्रक्रिया और पाठ - सुरेन्द्र चौधरी

41. प्रेमचंद : व्यक्तित्व और रचना दृष्टि - सं. दयानन्द पाण्डेय

42. प्रेमचंद : चिन्तन और कला - डॉ. इन्द्रनाथ मदान
राजकमल प्रकाशन,
दिल्ली

43. प्रेमचंद के साहित्य सिद्धांत - नरेन्द्र कोहली

हिन्दी पत्रिकाएँ

धर्मयुग	-	मई 1992
”	-	जनवरी 1996
”	-	अगस्त 1995
”	-	मई 1992
”	-	फरवरी 1994
”	-	जून 1995
”	-	जुलाई 1996
”	-	मई 1995
”	-	नवंबर 1995
”	-	जनवरी 1992
”	-	जून 1992
”	-	जनवरी 1992
”	-	सितंबर 1991
”	-	अप्रैल 1992
”	-	अगस्त 1991
”	-	मार्च 1992
”	-	जून 1992
”	-	फरवरी 1992

”	-	जुलाई 1991
”	-	दिसंबर 1991
”	-	नवंबर 1991
हंस	-	जुलाई 1999
”	-	जनवरी 1934
”	-	अगस्त 1999
हंस	-	सितंबर 1999
”	-	जनवरी 1999
मधुमती	-	अप्रैल 1996
”	-	अप्रैल 1998
”	-	फरवरी 1993
”	-	जुलाई 1993
”	-	जनवरी 1995
”	-	मई 1995
”	-	अक्तूबर 1994
”	-	जून 1999
”	-	जुलाई 1999
”	-	अप्रैल 1996
साक्षात्कार	-	जनवरी-फरवरी 1985
”	-	नवंबर-दिसंबर 1996
”	-	अक्तूबर 1992
”	-	जनवरी-मार्च 1990
”	-	मार्च 1985
”	-	सितंबर 1995
”	-	जनवरी 1997
”	-	सितंबर-अक्तूबर 1994
”	-	जनवरी 1998
”	-	दिसंबर 1996
”	-	नवंबर 1992
भाषा	-	दिसंबर 1998
”	-	जून 1986
”	-	मई-जून 1992

”	-	सितंबर-अक्तूबर 1992
”	-	दिसंबर 1991
भाषा	-	जनवरी-फरवरी 1992
”	-	नवंबर-दिसंबर 1992
”	-	दिसंबर 1989
”	-	सितंबर 1985
”	-	जून 1991
”	-	मार्च-अप्रैल 1992
”	-	मार्च 1986
”	-	सितंबर 1985
”	-	मार्च 1986
”	-	दिसंबर 1986
”	-	सितंबर 1982
”	-	दिसंबर 1985
”	-	जुलाई-अगस्त 1992
”	-	मार्च 1991
सम्मेलन पत्रिका	-	मार्च 1983
”	-	अप्रैल 1979
समीक्षा	-	मार्च 1997
”	-	अप्रैल-जून 1989
”	-	जनवरी-मार्च 1991
”	-	जनवरी-मार्च 1996
”	-	जनवरी-मार्च 1985
”	-	जनवरी-मार्च 1998
”	-	जनवरी-मार्च 1999
”	-	जनवरी-मार्च 1991
”	-	जनवरी-मार्च 1992
”	-	जुलाई-सितंबर 1979
”	-	अप्रैल-जून 1985
”	-	अप्रैल-जून 1984
समीक्षा	-	जनवरी-मार्च 1991
”	-	जनवरी-मार्च 1990

दस्तावेज़	-	अप्रैल-जून 1989
”	-	जुलाई-सितंबर 1989
”	-	जनवरी-मार्च 1990
”	-	अप्रैल-जून 1990
”	-	जुलाई-सितंबर 1990
”	-	अप्रैल-जनवरी 1991
”	-	जनवरी-मार्च 1995
”	-	अप्रैल-जून 1996
प्रकर	-	मार्च 1978
”	-	जनवरी 1983
”	-	जनवरी 1985
”	-	जून 1987
”	-	मार्च 1989
”	-	अप्रैल 1995
आजकल	-	नवंबर 1998
”	-	जून 1979
”	-	अगस्त 1979
”	-	फरवरी 1991
”	-	अप्रैल 1991
”	-	सितंबर 1991
”	-	दिसंबर 1991
”	-	दिसंबर 1979
”	-	सितंबर 1997
”	-	मई 1989
”	-	फरवरी 1989
”	-	जून 1987
आजकल	-	सितंबर 1989
”	-	अगस्त 1979
”	-	मई 1981
”	-	अप्रैल 1981
”	-	अगस्त 1984
”	-	दिसंबर 1984

” - अप्रैल 1983

” - मई 1985

” - फरवरी 1984

” - नवंबर 1984

” - दिसंबर 1984

” - अप्रैल 1983

” - मई 1985

” - फरवरी 1984

” - नवंबर 1984

” - दिसंबर 1984

” - अक्तूबर 1985

” - सितंबर 1989

” - अप्रैल 1990

” - जुलाई 1991

” - जुलाई 1988

दक्षिण भारत - अप्रैल-मई-जून 1993

प्रकर - दिसंबर 1988

भाषा - जुलाई-अगस्त 1992

मलयालम पुस्तकें

वृत्तांत पत्र प्रवर्तनाम - स्वदेशाभिमानी के राम कृष्ण पिल्लै साहित्य प्रवर्तक सहकारी संघ (प्रकाशक) 1957

स्व.ले. (पत्र प्रवर्तनाम) - एम.के.मेनोन मातृभूमि प्रिंटिंग एंड पब्लिशिंग कंपनी, कालिकट, 1985

मलयालम पत्रिकाएँ

भाषा पोषिणी - अक्तूबर 1990

भाषा पोषिणी - अप्रैल-मई 1992

भाषा पोषिणी	-	जुलाई 1993
मातृभूमि	-	मार्च 1992

अंग्रेज़ी पुस्तकें

Weekly Newspaper Writing and Editing	:	Ban Hart, Thomas F. Dryden Press, New York, 1953
Free Lance Writing English	:	Candlin, Frank.E Universities Press, London, 1961
Journalism	:	G.K.Puri Sudha Publications
The Daily Press	:	Harrcs Wilson Cambridge University London, 1946
Reporting	:	Mitchell V. Charnley Rinchert Press, San Francisco
Editorial Writing	:	Spencer Lylem Houghton Mifflin Boston, 1924
The Mass Media	:	William L. Rivera Harper and Row Publishers, New York
The Rise and Growth of Hindi Journalism	:	Ramratan Bhatnagar Kitab Mahal, Allahabad

❑❑